"十四五"职业教育国家规划教材

高等职业教育新形态一体化教材

高职院校公共基础课能工巧匠系列教材·劳动教育类

高职劳动
教育实务

主编　晏杉　赵庆樱　罗建华　翁琛闵

副主编　陈国勤　谭浩　马彬

参编　刘博　汪海燕　李永鑫　赵婉君　赵佩佩

中国教育出版传媒集团
高等教育出版社·北京

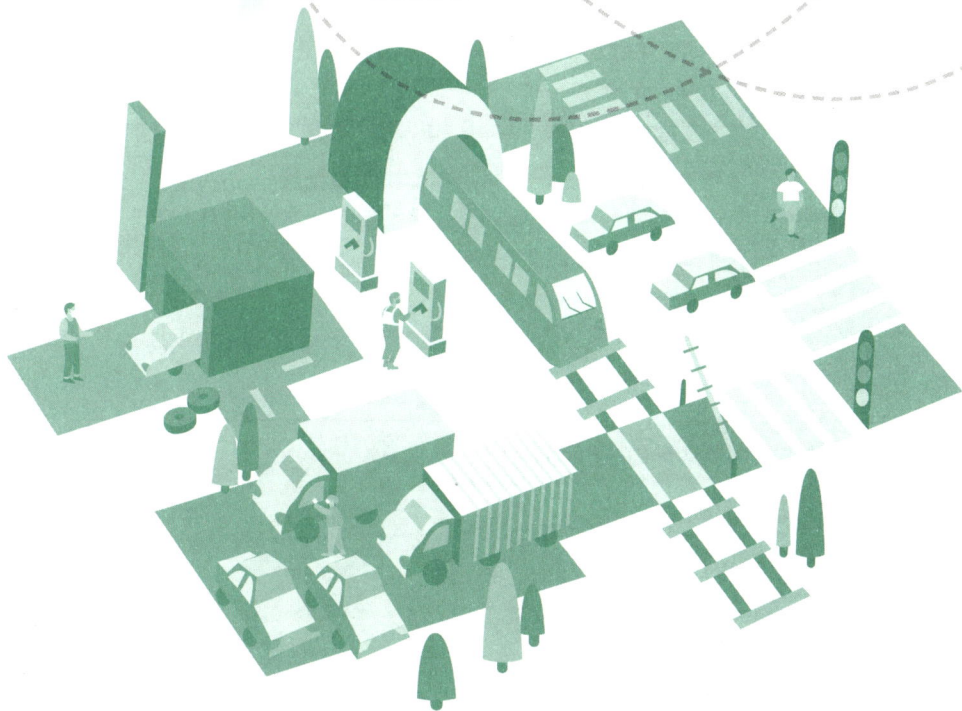

U0686939

内容提要

本书为"十四五"职业教育国家规划教材、高等职业教育新形态一体化教材。本书根据《中共中央 国务院关于全面加强新时代大中小学劳动教育的意见》和教育部印发的《大中小学劳动教育指导纲要(试行)》精神编写而成,贯彻落实党的二十大关于发展素质教育的相关要求,落实立德树人根本任务。全书共七个项目:走进劳动教育、弘扬劳动精神、培养劳动素养、锤炼劳动本领、尊重劳动成果、树立安保意识、开展劳动竞赛。通过"想一想""练一练""案例品读"等栏目,帮助学生把握劳动教育的基本内涵,形成正确的劳动观,做有职业理想的新时代劳动者。

本书围绕高等职业院校劳动教育的要求,以实习实训课为主要载体,集知识性、针对性、实践性于一体,由多位从事劳动教育研究的专家和教学一线骨干教师精心设计打造,体现交通行业特色、讲述行业故事、阐述行业背景、增强行业自信、培养交通科技人才。

本书可用于交通类高等职业院校劳动教育必修课程(不少于 16 学时)教学,也可供其他高等职业院校学习参考。

图书在版编目(CIP)数据

高职劳动教育实务 / 晏杉等主编. -- 北京:高等教育出版社,2021.11(2024.7重印)

ISBN 978-7-04-057528-6

Ⅰ.①高⋯ Ⅱ.①晏⋯ Ⅲ.①劳动教育–高等职业教育–教材 Ⅳ.①G40–015

中国版本图书馆 CIP 数据核字(2021)第 262194 号

高职劳动教育实务
GAOZHI LAODONG JIAOYU SHIWU

策划编辑	田伊琳	责任编辑	田伊琳 陈 磊	封面设计	李树龙	版式设计	徐艳妮
插图绘制	李沛蓉	责任校对	胡美萍	责任印制	高 峰		

出版发行	高等教育出版社	网 址	http://www.hep.edu.cn
社 址	北京市西城区德外大街 4 号		http://www.hep.com.cn
邮政编码	100120	网上订购	http://www.hepmall.com.cn
印 刷	廊坊十环印刷有限公司		http://www.hepmall.com
开 本	787mm×1092mm 1/16		http://www.hepmall.cn
印 张	11.75		
字 数	150 千字	版 次	2021 年 11 月第 1 版
购书热线	010-58581118	印 次	2024 年 7 月第 4 次印刷
咨询电话	400-810-0598	定 价	33.80 元

本书如有缺页、倒页、脱页等质量问题,请到所购图书销售部门联系调换

版权所有 侵权必究

物 料 号 57528-A0

前言

　　2018 年 9 月，习近平总书记在全国教育大会上强调，全面贯彻党的教育方针，坚持中国特色社会主义教育发展道路，培养德智体美劳全面发展的社会主义建设者和接班人。2020 年 3 月，中共中央、国务院发布《关于全面加强新时代大中小学劳动教育的意见》（以下简称《意见》），对新时代教育做了顶层设计和全面部署，构建了体现新时代特征的大中小学劳动教育体系。2020 年 7 月，教育部印发《大中小学劳动教育指导纲要（试行）》（以下简称《指导纲要》），明确提出职业院校要围绕劳动精神、劳模精神、工匠精神等方面开设劳动教育必修课，课时不少于 16 学时。2020 年 9 月，教育部等九部门发布《职业教育提质培优行动计划（2020—2023 年）》，将劳动教育纳入职业院校人才培养方案，设立劳动教育必修课程，统筹勤工俭学、实习实训、社会实践、志愿者服务等环节系统开展劳动教育，为我们开好劳动教育课指明了方向。党的二十大报告深刻指出，要办好人民满意的教育，全面贯彻党的教育方针，落实立德树人根本任务，培养德智体美劳全面发展的社会主义建设者和接班人，加快建设高质量教育体系。报告充分彰显出党中央构建德智体美劳全面培养的教育体系，形成更高水平人才培养体系的坚定决心与系统谋划，是新时代全面推进劳动教育的根本遵循和行动指南。

　　本教材的结构和写作大纲由晏杉、罗建华、谭浩组织设计，全书共

7个项目，21个任务，以图文并茂、栏目丰富、案例生动等理念创编，具有针对性、系统性和实践性。本书编写分工为：罗建华负责项目一，马彬负责项目二，谭浩、赵婉君负责项目三，赵庆樱、汪海燕、赵佩佩负责项目四，晏杉、刘博负责项目五，翁琛闵、陈国勤负责项目六，李永鑫负责项目七，全书由罗建华统稿。本教材编写突出以下特点：

1. 紧扣《意见》和《指导纲要》精神，以探索具有中国特色的劳动教育模式、培养学生正确劳动价值观和良好劳动品质为己任，通过对马克思主义劳动观、家国情怀、奋斗文化等内容的编排设计，较好地实现了"德智体美劳"五育的有机融合。

2. 彰显新时代特色，展现立德树人担当。中国特色社会主义进入新时代，经济社会发展正在孕育着深刻而重大的变革，伴随着产业结构的快速升级转型和现代经济体系的逐步建立，新时代对高素质技术技能人才的培养将更为重要。本教材充分考虑科技发展和产业变革的趋势，深化产教融合、改进劳动教育方式、培养学生劳动精神、提高学生创造性劳动能力。本书围绕劳动新形态展开论述，尤其书中对大学生与劳动情怀、劳动权益等内容的设计编排，充分展现出新时代教育工作者的新视野。

3. 系统化劳动教育知识，端正劳动观和劳动态度。正确的劳动观和劳动态度，不仅要靠实践养成，而且需要系统的劳动教育理论知识的熏陶。虽然劳动是一种非常普遍的日常活动，但要让受教育对象真正理解劳动的意义，进而崇尚劳动、热爱劳动并不容易。只有当人们理解了劳动对人类社会发展的根本意义，才能真正接受劳动、热爱劳动。

4. 体现交通行业特色。典型引领方向，榜样凝聚力量。本教材以行业先进人物和事迹为切入点，讲述行业故事、阐述行业背景、增强行业自信、培养交通科技人才。既凸显交通行业特色，又融入劳动育人功能。为加快建设交通强国和现代化综合交通运输体系,做好现代产业体系协调发展的坚实支撑和内外经济循环相互促进的重要纽带,推广交通行业劳动精神典型案例,营造良好行业氛围。

5. 立足学生成长特点,实现"教"与"学"统一。教材突出了学生的主体地位,坚持了以学生为中心的理念,以懂劳动、会劳动、爱劳动为引领,从时代发展、劳动知识、劳动精神、劳动素养、身心要求、技能要求等多个维度系统化设计教材体例。

本教材在编写过程中得到了高等教育出版社的大力支持,在此致以诚挚感谢。尽管在编写过程中,我们对编写体例和内容进行了反复推敲,但由于经验不足和写作水平有限,书中难免有不足和疏漏,恳请专家和广大读者提出宝贵意见和建议,以便再版时进一步修改和完善。

编者

2022年11月

目
录

项目一

走进劳动教育

劳动是人类的本质活动,劳动光荣、创造伟大是对人类文明进步规律的重要诠释。

——习近平

能力目标

正确认识劳动的价值和意义

参与日常生活劳动、生产劳动、服务性劳动实践

了解高职院校学生的劳动技能要求

素养目标

认识劳动的重要性

树立正确的劳动观

涵养劳动情怀

任务描述

亲爱的同学,请你走进劳动教育,用自己的亲身体验,描述日常生活中的劳动情景,思考参加劳动的意义和价值,感悟劳动付出后的收获,从而牢固树立劳动最光荣、

劳动最崇高、劳动最伟大、劳动最美丽的观念。除了日常生活劳动,还有生产劳动、服务性劳动,让我们携手认识劳动、参与劳动。劳动无处不在、无时不有,劳动使人出彩,劳动使人幸福。

任务导入

劳动是创造价值的工具,是实现人的全面发展和社会全面进步的有效途径。新时代高职院校的劳动教育,是德智体美劳全面培养的教育体系的重要组成部分,旨在帮助大学生在自主实践中发现自我,通过双手改变命运和创造自己的幸福生活。落实新时代高职院校劳动教育,广泛开展日常生活劳动教育,将劳动理论和劳动实践紧密地结合起来,培养大学生正确的劳动价值观,端正学生对自身的职业认知,通过"专业+劳动实践+创新创业"的劳动育人体系,促进专业教育、职业教育、劳动教育、公益劳动教育、创新创业教育五位一体、融合发展,为国家培养高素质技术技能人才。

任务一　认知劳动

想 一 想

你是怎样认知劳动的？请你举出几个有关劳动的例子。

_____

_____

_____

　　劳动教育是中国特色社会主义教育制度的重要内容，对于培养社会主义建设者和接班人具有重要战略意义。《中共中央 国务院关于全面加强新时代大中小学劳动教育的意见》（以下简称《意见》）指出，要通过劳动教育"使学生能够理解和形成马克思主义劳动观，牢固树立劳动最光荣、劳动最崇高、劳动最伟大、劳动最美丽的观念；体会劳动创造美好生活，体认劳动不分贵贱，热爱劳动，尊重普通劳动者，培养勤俭、奋斗、创新、奉献的劳动精神；具备满足生存发展需要的基本劳动能力，形成良好劳动习惯"，要"实现知行合一，促进学生形成正确的世界观、人生观、价值观"。要达到这个目标，首先就要正确地认识劳动。

《中共中央 国务院关于全面加强新时代
大中小学劳动教育的意见》

1. 劳动的内涵

　　马克思认为劳动创造了历史和人本身，只有通过劳动才能把人和物质资料相连接，人们才能改造世界，自身的发展才能够得到满足。在马克思看来，劳动是一切历史的基本条件，有了人类的基本劳动，有了满足人类生存必需的前提，才产生了生活和历史。

党的十八大以来，习近平总书记就劳动、劳动者、劳模精神等内容进行了一系列深刻阐述。2013年4月，习近平在同全国劳动模范代表座谈时强调，劳动是财富的源泉，也是幸福的源泉。人世间的美好梦想，只有通过诚实劳动才能实现；发展中的各种难题只有通过诚实劳动才能破解；生命里的一切辉煌，只有通过诚实劳动才能铸就。必须牢固树立劳动最光荣、劳动最崇高、劳动最伟大、劳动最美丽的观念，让全体人民进一步焕发劳动热情、释放创造潜能，通过劳动创造更加美好的生活。习近平总书记在党的二十大报告中进一步指出，"伟大事业是干出来、拼出来、奋斗出来的"，要"在全社会弘扬劳动精神、奋斗精神、奉献精神、创造精神、勤俭节约精神"。这些重要论述为我们扎实开展新时代劳动教育指明了方向。

"劳动最光荣、劳动最崇高、劳动最伟大、劳动最美丽"是习近平总书记对新时代劳动价值观的明确定位。这一定位是对马克思"劳动创造世界、劳动创造历史、劳动创造人本身"的劳动价值观的继承与发扬，也是对当前社会中存在的拜金主义、享乐主义、投机主义等错误思想的有力矫正。新时代大学生要理解、体验劳动的永恒价值与时代新意，逐步树立"四最"劳动价值观。

何谓劳动？劳动是人类社会生存和发展的基础，是人维持自我生存和自我发展的唯一手段。具体来说，是指具有一定劳动知识技能的人或人群使用劳动工具，以获取劳动成果为目的，面对外部对象实施改造的活动。如打扫卫生、快递服务、测绘、计算机维护、汽车维修等，都是劳动。

2. 劳动的重要性

劳动是人自身发展的必要条件，劳动不仅创造物质财富，而且创造精神财富。没有劳动，就没有今天的人，也就不会有人类今天的文明进步。因此，劳动对个体发展和社会发展都具有重要的意义。

（1）劳动是创造美好生活的力量源泉

一个时代有一个时代的梦想，一代人有一代人的幸福向往与追求。幸福都是奋斗出来的，而劳动正是奋斗的载体。唯有劳动才能不断构筑幸福生活，才能创造美好的未来。幸福不会从天而降，梦想不会自动成真，美好生活靠劳动创造。劳动最光荣，创造最美丽。

（2）劳动创造精神财富

劳动不仅创造了物质财富，还创造了人类文明。人们在劳动中丰富了思想，收获了快乐，劳动是精神财富取之不尽、用之不竭的源泉。从木匠鼻祖鲁班、解牛庖丁，到淘粪工人时传祥、"铁人"王进喜；从誉满全球的数学家陈景润、"杂交水稻之父"袁隆平，到新时期技术型工人包起帆、许振超，他们不仅在岗位上创造了自己的人生价值，也通过劳动创造了鼓舞一代代中国人发奋有为的精神财富。不管是劳模精神、工匠精神，还是愚公移山精神、钉钉子精神，最终都汇聚成民族精神和时代精神，转化为推动社会发展、实现人民群众对美好生活向往的奋斗动力。

（3）劳动是创造知识的源泉

劳动可以让人们学到大量书本上没有的知识，人们只有在劳动中才能深刻地理解知识，学会运用知识，成为具有真才识学的人才。人类许多璀璨的文明成果都是在劳动中诞生的。如二十四节气（表1-1），它是古代农耕文明

表1-1　二十四节气表

春季	立春 2月3—5日	雨水 2月18—20日	惊蛰 3月5—7日
	春分 3月20—22日	清明 4月4—6日	谷雨 4月19—21日
夏季	立夏 5月5—7日	小满 5月20—22日	芒种 6月5—7日
	夏至 6月21—22日	小暑 7月6—8日	大暑 7月22—24日
秋季	立秋 8月7—9日	处暑 8月22—24日	白露 9月7—9日
	秋分 9月22—24日	寒露 10月8—9日	霜降 10月23—24日
冬季	立冬 11月7—8日	小雪 11月22—23日	大雪 12月6—8日
	冬至 12月21—23日	小寒 1月5—7日	大寒 1月20—21日

的产物，是我国古代文化的瑰宝。农耕生产与大自然的节律息息相关，农业耕种只有按照相应节气进行，顺应农时，才能获得好的收成。先民通过观察太阳周年运动，总结出了一年中时令、气候、物候等方面的变化规律，把地球绕太阳运动一周划分为二十四节，每两节之间相差15度，每个节被分别命名，每个节就是一个节气，如芒种、夏至、小暑等。二十四节气既可以帮助人们把握气候变化，又可以帮助人们很好地把握农作物种植的关键时节，提高收成。这对于农业社会来说尤其重要，特别是对于作为农业省份的云南来说更为重要，要打好"三张牌"，即打造世界一流"绿色能源牌""绿色食品牌""健康生活目的地牌"，把绿水青山变成金山银山，靠的就是劳动。

（4）劳动是社会发展的基础

人类通过劳动积极主动地改造自然界，创造了新的生存条件。同时，也正是在劳动的基础上，人类才形成自己特有的、极其错综复杂的社会关系。从当下看，无论是推进深化改革，还是决胜脱贫攻坚，推动乡村振兴；从长远看，无论是实现伟大梦想，还是建设伟大工程，推进伟大事业，都需要千千万万劳动者为之创造，为之奋斗，在创造物质财富和精神财富的过程中，凝聚起奋进新时代的伟大智慧和磅礴力量。所以说，劳动是人类社会存在和发展的基础，也是大学生实现梦想、服务社会、体现价值、敢于担当、追求幸福、创造财富的力量源泉。

■ 想一想

2020年3月，中共中央、国务院印发了哪个关于劳动教育的文件？同年7月，教育部又印发了什么关于劳动教育的重要文件？

_____

_____

_____

3. 高校劳动教育特点

高校肩负着人才培养、科学研究、社会服务、文化传承与创新、国际交流合作的重要使命，在完成立德树人这一根本任务，培养德才兼备、全面发展的中国特色社会主义合格建设者和可靠接班人的过程中，必须把培育大学生劳动情怀作为一项重要任务。同时，强调高级专门人才的培养是高等教育最显著的特征。具体而言，高校的人才培养既有学科归属，也有专业方向。这就意味着，高校开展劳动教育不同于中小学劳动教育，既要实现高等教育与基础教育的一体化，更要在青少年"爱劳动""会劳动"的基础上，突出"懂劳动"的教育；既要让大学生在接受高等教育与基础教育的过程中积累扎实的专业功底、练就娴熟的专业技能，还要学劳动科学、悟劳动之理、明劳动之义，涵养深厚的劳动情怀、家国情怀，成为全面发展、勇于担当的时代新人。

（1）以正确劳动观的形成为目标

大学阶段是青年大学生人生观、价值观、世界观形成的关键阶段，直接关系到人生的"第一粒扣子"能否扣好，乃至影响其一生。劳动观是劳动者对劳动的根本看法和态度，直接决定着劳动者的价值判断和价值选择。大学生的劳动价值观不仅直接影响其大学阶段学习生活的方方面面，更关系到其走向工作岗位以后的价值取向、就业倾向、社会责任等方面的精神特质。因此，树立正确的劳动观对当代大学生具有非常重要的意义。

（2）以学科专业为基础

大学阶段是学生汲取专业知识、学习职业本领、走向职场的重要阶段。高级专门人才的培养方向和即将走向职场的职业准备，决定了高等教育人才培养的特殊性和重要性。鉴于此，高校开展劳动教育所承载的功能与价值也有别于基础教育，需要在巩固好家庭劳动教育、基础教育阶段劳动教育成果的基础上，积极引导大学生形成正确的劳动认知，深入理解劳动的本质、价值和意义等，在掌握专业知识技能的同时，还要勤于、敢于、善于进行创造性劳动。所以，大学劳动教育要以大学教育本质为基础，注重围绕现代科学专业所包含的知识，使学生在劳动中收获更多智力成果，做到更高、更深层面的学以致用、知行合一。图1-1为工程测量技术专业的学生在参加校内实习实训。

（3）以社会实践为载体

劳动教育最突出的特点就是实践性，它渗透到教育的方方面面，在德、智、体、美、劳五育中处于基础性地位。在高校的人才培养过程中，以多元化的社会实践为载体，可以最大限度地发掘学生潜能，持续提升青少年学以致用、创新创业的能力。高校的劳动教育应以大学生社会服务效用最大化为人才培养目标和归宿，引导大学生发挥主体性作用，把所学理论转化为实际行动。

（4）以就业创业为导向

毕业、择业、就业是高校人才培养的最终实现形式。在毕业之后通过岗位劳动获得相应报酬作为生活来源，是大部分高校毕业生的生计常态。从这个意义上讲，高校劳动教育成效直接与毕业生的职业生涯相关，甚至关乎大学生的终生职业发展。近年来，国家重视高校创新创业教育改革，教育部在2019年3月部署做好深化创新创业教育改革示范高校2019年度建设工作时，首次提出了推进创新创业教育与劳动教育紧密结合的思路，把创新创业教育贯穿"五育"人才培养全过程，在更高层次、更深程度、更关键环节上深入推进创新创业教育改革。由此可见，高校开展劳动教育要以就业创业为最终导向，通过大学生就业创业水平直接反映高校人才培养成效，这也是大学生实现人生价值、服务社会的有效途径。

图 1-1
工程测量技术专业的学生在校内实习实训

以 3 ~ 5 人为一组，策划一次校园环境美化活动、志愿者服务活动或技能大赛，并与同学们分享。

_____

_____

_____

1. 新时代的劳动价值观

（1）尊重劳动

人类是劳动创造的，社会也是劳动创造的。劳动没有高低贵贱之分，任何一份职业都很光荣。社会就像一台庞大又极为复杂的机器，每一个劳动者都在这台机器中发挥着不可替代的作用，使这台机器不停地运转。例如我国广大的农民群体，除了少部分通过新型农业成为农业工人外，大部分农民仍承担着十分艰辛的体力劳动，但他们的劳动成果解决了十四亿人口的吃饭问题。

（2）崇尚劳动

劳动光荣是永恒的主题，不劳而获是可耻的。习近平总书记强调，全面建成小康社会，进而建成富强民主文明和谐的社会主义现代化国家，根本上靠劳动、靠劳动者创造。我们一定要在全社会大力弘扬劳模精神、劳动精神，引导广大人民群众树立辛勤劳动、诚实劳动、创造性劳动的理念，让劳动光荣、创造伟大成为铿锵的时代强音（图 1-2）。

图 1-2
崇尚劳动

（3）辛勤劳动

劳动是财富的源泉，也是幸福的源泉。中国自古有"一勤天下无难事"的说法，无论是古人的"晨兴理荒秽，带月荷锄归"，还是今天热火朝天的"互联网+"与科技创新，都离不开广大劳动者的辛勤劳动。"勤能补拙""业精于勤，荒于嬉""黑发不知勤学早，白首方悔读书迟"说的都是勤劳的重要性。美好生活靠劳动创造，要在全社会大力弘扬劳动精神，提倡通过辛勤劳动来实现人生梦想、改变自己的命运，反对一切不劳而获、投机取巧、贪图享乐的思想。劳动创造了中华民族，劳动不仅造就了中华民族的辉煌历史，还必将创造出中华民族的光明未来。

（4）诚实劳动

诚实劳动是指在各种法规、各项政策允许的范围内从事各种有益于社会发展的体力和脑力劳动。如从事工农业生产、商业服务、科研和文教卫生工作，以及社会咨询、信息传播等。同时，诚实劳动又是指劳动者以主人翁的态度对待劳动的一种道德规范，要求劳动者在劳动中不投机取巧，严格遵守劳动纪律。从这种意义上说，诚实劳动既是劳动生活中必须遵循的基本准则，也是创造幸福生活的基本条件。一句话，人世间的美好梦想，只有通过诚实劳动才能实现；发展中的各种困难，只有通过诚实劳动才能破解；生命里的一切辉煌，只有通过诚实劳动才能铸就。

（5）创造性劳动

要成为一个合格的劳动者，除了形成良好的劳动习惯外，关键还要学会创造性劳动。劳动教育的目的，并不仅仅在于让学生"苦其心志，劳其筋骨"，更要使其在劳动中获得启发、学会创新。当前，社会发展速度越来越快，劳动的方式、运用的工具也在快速迭代。如工厂里越来越多的机器人代替了人类，一些危险性高的工作已完全不需要人亲手操作。但是，这并没有改变劳动的价值，而是将更多的体力劳动、重复性劳动转化成脑力劳动、创造性劳动。因此，无论是劳动课程教学，还是劳动实践，都应着眼于未来社会的发展需要，鼓励学生通过自己的奇思妙想、发明创造来提升工作效率、降低工作强度。

2. 爱岗敬业与职业理想

想 一 想

你是怎样理解爱岗敬业与职业理想的？请谈谈自己的认识。

_____

_____

_____

（1）爱岗和敬业互为前提，相辅相成

爱岗就是热爱自己的工作岗位，热爱本职工作；敬业就是要用一种恭敬严肃的态度对待自己的工作。具体要求应包括：热爱工作，敬重职业；安心工作，任劳任怨；认真工作，一丝不苟；忠于职守，勤勉尽责。

（2）职业理想是理想的重要组成部分

职业理想是人们依据社会要求和个人条件，在职业生涯中确立的奋斗目标，即个人渴望达到的职业境界。它是人们实现个人生活理想、道德理想和社会理想的手段，并受社会理想的制约，具有社会性、时代性、发展性及差异性等特点。

① 社会性。马克思提出，人的本质在其现实性上是一切社会关系的总和。因此，高职院校学生作为社会生产关系中的一员，在确立个人的职业理想时，首先应该考虑社会的需求，社会的需求决定了某段时间内的主流就业方向。

② 时代性。社会的发展、分工以及职业的变化是影响高职院校学生树立职业理想的重要因素。职业理想因生产力发展水平的不同、社会实践的深度与广度的不同而有所变化。2021 年 3 月人力资源和社会保障部发布了集成电路工程技术人员、企业合规师、公司金融顾问、易货师、二手车经纪

人、汽车救援员、调饮师、食品安全管理师、服务机器人应用技术员、电子数据取证分析师、职业培训师、密码技术应用员、建筑幕墙设计师、碳排放管理员、管廊运维员、酒体设计师、智能硬件装调员、工业视觉系统运维员等18个新职业，这些职业充分反映了职业理想的时代性（图1-3）。

③ 发展性。经济社会是不断发展的，高职院校学生职业理想的内容也因时因地因事的不同而产生变化。

④ 差异性。职业是多样的，大学生选择什么样的职业，与他的思想品德、知识结构、能力水平、兴趣爱好、人生阅历息息相关。

图1-3
社会发展催生了新职业

3. 职业操守与职业规划

（1）职业操守

职业操守是指人们在从事职业活动时必须遵从的最低道德底线和行业规范，是同劳动者的职业活动紧密联系的、符合职业特点要求的道德准则、道德情操与道德品质的总和，它既是对劳动者在职业活动中行为的要求，又是劳动者对社会所负的道德责任与义务。职业操守包括以下几点：

① 诚实守信。忠于所属企业，维护企业信誉，保守企业秘密。

② 爱岗敬业。热爱工作岗位，热爱本职工作；用恭敬严肃的态度对待自己的工作。爱岗敬业所体现的是职业责任感和敬业精神，它会帮助劳动者取得事业上的成功。

③ 遵章守纪。在职业活动范围内要求劳动者必须遵守行为准则，包括国家的法律法规、社会的道德规范和企业的规章制度。

④ 文明服务。在遵章守纪的基础上创造整洁、安全、舒适、优美、有

序的工作环境，为他人提供优质、高效的服务。

⑤ 钻研业务。要求劳动者不断增强自己的学习能力，努力提升工作所需要的专业技能，更好地服务于岗位工作。

（2）职业规划

职业规划倡导决策的理念，重要的不是结果，而是过程，即"你是如何做决定的"。做选择时，我们不仅要进行自我探索，还要进行外部世界的探索，将这二者结合起来，综合考虑各种因素，思考哪一种选择是适合自己的、有利于个人长远职业发展的，只要解决了这些问题，结果将自然呈现在自己心中。职业规划的目的就是帮助个体更好地发挥其潜力，使职业生活更加精彩。

想 一 想

你将来想从事何种职业？你是怎样规划的？

_____

_____

_____

4. 职业信念与奋斗精神

职业信念是指个体确信并愿意作为自身职业生涯行动指南的认识或看法。我们常说的"事业心"指的就是职业信念。职业认识常常发生变化，而职业信念一旦形成则很难改变。在职业生涯中，就算遇到再多、再大的困难和挫折，我们都要坚定信念走下去。

奋斗精神是劳动者在长期的职业生涯中形成的优良传统和作风，职业奋斗也应是每个劳动者的本色。在思想开放、理念更新、生活多样化的时代，坚持"奋斗"的劳动本色，意味着保持一种工作准则，一种工作作风，一种利益观念，一种精神状态，乃至一种人类共同的价值方向。

职业信念与奋斗精神有以下意义。

（1）是塑造社会主义劳动者的需要

劳动不仅创造了人类，也是人类的本质特征和存在方式，并推动着社会历史向前发展。劳动中形成的职业信念与奋斗精神是社会主义劳动者的职业素养内核。尊重劳动、倡导劳动、保护劳动，是社会主义先进性的显著标准。勤奋劳动、诚实劳动、创造性劳动，是社会主义国家劳动者的鲜明特征。在实现中华民族伟大复兴的中国梦、满足新时代人民对美好生活的向往的今天，高度重视劳动教育，培育劳动者职业信念与奋斗精神，具有更加迫切的现实需要和更加深远的历史意义。

（2）是引导劳动者追求幸福生活的需要

职业信念与奋斗精神可以引导劳动者追求健康生活。同样一份工作，积极的人看到的是希望，消极的人看到的是迷茫；同样一个困难，积极的人想到的是怎样克服，消极的人想到的是怎样逃避；推开同扇窗户，一个人看见的是天上的繁星，另一个人看见的是地上的烂泥。我们所处的环境是同一个，态度却会有积极和消极两种。如果用积极的职业信念与奋斗精神去对待工作，工作就会回报给我们积极的结果；如果用消极的态度去对待工作，工作与生活都会困难重重。劳动者应在职业生涯中锤炼高尚品格、培育劳动情怀，激发学习热情和创新精神，继承艰苦奋斗、勤俭节约的优良传统，树立"以天下为己任"、舍我其谁的社会责任感和担当精神，这有利于个人价值的实现，使劳动者拥有充实、幸福的人生。

高原信使王顺友：马班邮路精神要一直传承下去

罗昭强：从学徒工到"工人院士"

罗昭强毕业于职业技术学院，没有高学历和其他背景支撑的他从一名学徒工成长为中车长春轨道客车股份有限公司技术难题攻关的"座上宾"，再成长为全国闻名的"工人院士"、高级技师、高级工程师、中车首席技能专家，靠的就是勤奋好学、刻苦钻研的坚韧意志，凭的是脚踏实地、稳扎稳打的岗位初心。

30年来，罗昭强勤于钻研、勇于创新，先后解决难题340项，取得创新成果200余项，荣获国家发明专利4项、实用新型专利7项，累计为公司节省费用2 400余万元。面对耀眼的成绩，罗昭强却总是谦虚地说："产业报国，勇于创新，是我们每一位高铁工人的本色。"

2015年，罗昭强经过深思熟虑，从一名维修电工，转岗至高铁生产调试一线。面对全新的领域，罗昭强躬身从"学徒"做起，手机电脑存满各种图纸，连早晚乘坐班车都在研究。功夫不负有心人，罗昭强厚积薄发，很快成为高速动车组制造中心调试车间技术团队负责人，率领团队先后完成一系列国家和企业重点项目的试制和调试攻关工作，取得了数十项调试方法的创新，保证了动车组"零故障"出厂。

2015年7月17日，习近平总书记视察中车长客高铁基地，罗昭强作为中国高铁工人的优秀代表之一，受到了习近平总书记的亲切接见，并得到了"要继续领先领跑，打造中国高端装备'金名片'"的殷切勉励。

"新时代的技术工人，不仅要埋头苦干，还要懂技术、会创新"，这是罗昭强一直奉行的工作法则。面对国外调试设备的技术封锁，罗昭强研制了具有自主知识产权的列车端部模拟器等动车组关键调试装备，打破国外市场垄断，将制造成本缩减为原来的1/10，将调试技术牢牢掌握在自己手里。2016年，罗昭强摘得中华技能大奖，这一奖项是国家颁发给技术工人的最高荣誉，获此奖者被尊称为"工人院士"。

罗昭强在技术创新方面一直没有停歇，他率领团队开展最新一代"复兴号"高速动车组模拟实训系统的研发，2020年9月代表中国中车参加柏林轨道交通展，再一次站在国际最高舞台上向世界展示中国高铁工人技术创新的独特魅力。

如今以他命名的罗昭强工作室已由最初的10人发展成了75人的庞大队伍，囊括各类顶尖技能人才，工作室成员中具有高级职称的就有59人，核心人才比例达到了79%以上。工作室先后被评为"全国工人先锋号""国家技能大师工作室"等。

（资料来源：搜狐网，有删改）

想 一 想

罗昭强的故事对你有哪些启示？通过他的经历你悟出了哪些道理？

_____

_____

_____

《中共中央 国务院关于全面加强新时代大中小学劳动教育的意见》对新时代劳动教育做了顶层设计和全面部署，意义重大，影响深远。我们必须全面贯彻党的教育方针，抓好新时代劳动教育的紧迫性、责任感。

1. 政治要求

劳动教育，首先要学懂弄通习近平总书记关于教育的重要论述，特别是关于新时代劳动和劳动教育的重要论述，把握新时代劳动教育的政治方向和政治要求。中国特色社会主义教育制度下的劳动教育必须要以马克思主义劳动观为指导，以社会主义核心价值观为价值导向，以汲取传统文化精髓、坚定文化自信为立足点，构建德智体美劳全面培养的教育体系，"以劳动托起中国梦"，为建设新时代高素质高水平人才队伍提供支撑。

2. 知识要求

通过将劳动教育与思想政治教育、知识技能教育、创新创业教育相结合，引导高职院校学生树立正确的劳动观、掌握劳动技术和劳动技能。

（1）劳动教育与思想政治教育的融合

劳动教育融入思想政治教育，其目的是培育具备优秀劳动品质和劳动精神的高等职业人才。劳动教育能使大学生对劳动内涵、劳动能力和劳动价值观有进一步的了解，有助于大学生在掌握专业知识和职业技能的同时，养成良好的劳动品格。劳动教育与德育、智育、体育、美育相结合，有助于高职院校学生更好地成为社会所需的高素质技术技能人才。

（2）劳动教育融入创新创业元素

创新创业教育是以培养学生的创新创业意识、创新创业精神、创新思维、创新能力为目标的人才培养活动。大学生在接受劳动教育的同时，可以积极进行创新创业活动，我们可以借鉴国际经验，如欧盟创新能力框架：① 创意和机会。机会识别、创意、愿景、创意评估、思考伦理和自我效能。② 资源。自我意识和自我效能、动机和毅力、整合资源、财务和经济常识、动员他人。③ 行动。主动行动、规划和管理、应对模糊、不确定性和风险、与他人合作、做中学。又如英国的 8 个创新主题：① 创意和创新；② 机会识别、创造、评估；③ 经过批判分析和批判后的决策；④ 通过领导力和管理来将创意落地；⑤ 反思和行动；⑥ 人际关系；⑦ 沟通和战略技巧；⑧ 数字和数据能力。不论是欧盟的创新能力框架，还是英国的 8 个创新主题，如何将其中的相关元素植入专业，使其本土化，是高职院校学生在进行创新创业活动时的重点。

（3）劳动教育项目化

劳动教育以社会实践为出发点和落脚点，高职院校学生应参与丰富、多元和立体的劳动教育课程，利用校内劳动平台和校外实习实训基地相互配合，体验劳动过程，收获劳动价值，从而爱上劳动课程。条件允许的职业院校可以采用"自办企业 + 产教融合"模式，如：道路桥梁专业群"项目导向，工学单元紧配合"；机械专业群"多元并举、订单培养"；汽车专业群"前厂后校，任务中心"；物流专业群"企业 + 物流区 + 国际大通道"；信息专业群"校园基地一体，工学情境合一"；等等。学生在实习实训中以小组为单位认领任务，任务清单包括：场地卫生保洁、实训工具摆放、机械维护、汽车维修、工程测量等。每一任务都有对应的要求，学生在任务中体验劳动，在"做中学，学中做"的过程中培养劳动精神。

想 一 想

你所在学校已搭建的劳动教育平台是什么？校外实习实训劳动又是什么？

3. 身心要求

劳动可以锻炼人的身体和意志。人作为社会群体的成员，不能孤立地存在，需要处理人与人、人与社会、人与自然之间的关系，而劳动则是这些关系的重要纽带。实践劳动可以使学生懂得幸福生活来之不易，尊重别人的劳动成果，同时使他们的身心得到健康的发展。

（1）受教育者以身为载体

受教育者通过学习劳动知识和劳动技能，方能到企业、公益组织和社会群体之中工作和生活，并将理论运用到社会实践中。当代大学生应通过学习专业知识、专业技能和劳动知识、劳动技能，践行以知促行、以行促知的理念，达到知行合一、言行一致的境界。

（2）受教育者以心为目的

大学生正处于人生观、世界观、价值观初步形成但尚未稳定的阶段，需要正确引导，使其成为有理想、有抱负的新时代青年。通过劳动教育，学生在实习实训、专业服务、社会实践、勤工俭学等过程中不仅能积累丰富的职业经验，树立诚实劳动、艰苦奋斗的劳动观，还能得到社会的认可和他人的尊重，并通过收获知识、能力、荣誉等达到自尊的满足。

通过劳动教育培养学生的责任心。责任心是健全人格的基础，是能力发展的催化剂。责任心是一个人非常可贵的品质，也是每个劳动者都应具备的品质，培养学生的责任心是劳动教育的重中之重。学生应积极参加公益活动、"三下乡"、支教等志愿活动，勤工俭学等社会实践活动，来培养和展示自身的社会责任感。

习近平总书记要求青年学生"踏踏实实修好公德、私德，学会劳动、学会勤俭、学会感恩、学会助人、学会谦让、学会自省、学会自律"。可以看出，在接受劳动教育的过程中，学生从"他律"走向"自律"，在不断自查、反思、内省的过程中，学生会更加明白劳动最光荣、劳动最崇高、劳动最伟大、劳动最美丽的道理。

想 一 想

请你换位思考，谈谈应如何尊重老师、尊重家长，如何尊重环卫工人的劳动成果。

_____

_____

_____

4. 技能要求

随着社会经济的发展，各行各业对高素质技术技能人才的需求与日俱增。高职院校学生要有时代感、紧迫感，努力提高自身的综合技能和专业技术水平，以适应社会发展对人才的实际需求。技能分为硬技能和软技能。硬技能是指专业技能，包括熟练掌握专业领域一般仪器设备操作技能，能胜任智能型操作技术岗位，能及时排除和有效解决操作时出现的各种故障和危机。软技能是指与人们日常学习、生活和工作的方方面面密切相关的能力，其中包括语言表达能力、人际沟通能力、分析和处理问题的能力、自主学习能力、理解能力及耐挫力等。

（1）高职院校学生技能培养的内容

① 高职院校学生职业硬技能是学生的立身之本。劳动实践始终贯穿于学生三年的学习生活中，为学生后期岗位实习和应聘求职奠定了基础。以交通运输专业为例，在综合交通运输体系专业课程中，学生除了学习理论知识外，更重要的是将所学知识与实践相结合，积极投入劳动实践，参与

图 1-4
汽车专业实践教
学——前厂后校

实习实训。对接交通运输产业发展的前沿技术，以校企合作为基础，以项目为导向，以"前厂后校"模式（图 1-4），双元主体育人。另外，还可以通过"以赛促学"的方式来检验专业技能的培养效果，如参加全国职业院校技能大赛（图 1-5）、"互联网+"大学生创新创业大赛、黄炎培职业教育奖创业规划大赛等。通过赛事竞争，激励学生提升专业技能，确保高素质技术技能人才培养目标的实现。

图 1-5
空乘专业学生参
加技能服务大赛

② 加强高职院校学生思想素质教育，提升学生品行软实力。当下企业在录用高职院校毕业生时更注重考量其敬业精神、社会责任感和工作责任心。可见，企业在需要人才有知识、懂技术、有动手能力的同时，也关注员工的爱岗敬业精神、合作意识、责任心和执行能力等品行特质。

③ 培养高职院校学生创新思维，提高其综合创新能力。新时代的劳动教育不仅要求学生能从事简单的体力劳动，还要求学生拥有综合能力和创新思维，把综合创新能力的培养与运用贯穿于学习和生活实践中，培养知识创

新和技术创新的意识，在日常学习过程中注重学习方法，形成自己个性化的学习兴趣。例如，在创新创业项目活动中，以具体创业项目为引导，学生可以学会目标分解与规划，树立细节决定成败的态度，拥有实现目标的成就感。

（2）高职院校学生技能培养的实施路径

① 以专业技能为主线，不同年级学生可根据自身的能力培养需求和目标进行适合自己的劳动实践。比如，一年级学生可以参加专业入门技能指导课，参观企业生产现场，训练基本的实操技能；二年级学生对专业知识和专业技能已经有了一定程度的积累，因此应加强较为复杂的技能训练，积极引进行业经验丰富、知识扎实且技能熟练的专业教师对学生进行指导；三年级学生，应积极寻找工学结合、岗位实习的锻炼机会。

② 培养实践操作技能。在实践过程中，学生要有意识地培养自身的实践操作技能，不断强化动手能力。在项目训练过程中，要设定项目训练目标，积极主动寻求老师的指导。设置项目训练目标时应注意符合行业相关标准，确保目标的科学合理性。

③ 通过校企合作，开展岗位实习（图1-6），锻炼学生的心理素质及人际沟通、创造意识等方面的综合能力。一般情况下，学生毕业之前一年就会到企事业单位参加见习工作，

图1-6
空乘专业校企合作 岗位实习

将所学的理论知识与实践结合起来，增强职前适应能力。

产教融合、校企合作的人才培养模式，使学生的专业技术和实际操作能力显著提高，岗位适应能力明显增强，学生对教学的满意度达95%以上。依托企业自身广泛的行业资源，空中乘务专业已向各大航空公司输送了一批人才，就业率达98.5%，专业对口率较高，既保障了企业人才需求，又实现

了毕业生精准就业，达成了学生、学校、企业三方共赢。

练 一 练

利用寒暑假时间，结合所学专业知识，参加社会实践，如开展便民服务、勤工助学活动、"三下乡"活动、大学生科技活动等。你想要通过这次社会实践，培养你的哪些能力或提高哪些劳动技能？

_____

_____

_____

劳动是人类最基本的实践活动，劳动不仅创造了人类自身，还创造了人类所需要的物质财富和精神财富。教育与日常生活劳动、生产劳动和服务性劳动相结合是马克思主义理论中国化的成果，是劳动教育的理论基础和实践依据。劳动教育实践可从日常生活劳动、生产劳动、服务性劳动三方面来认识。

1. 日常生活劳动

日常生活劳动是指可以直接满足生活需求的劳动，是对生活条件进行改造，并直接服务于人的劳动。它可以分为技能性生活劳动和审美性生活劳动两个方面。

（1）技能性生活劳动

技能性生活劳动是指通过操作性技术改造生活资料，以满足生活需要的劳动形式。如今，洗碗机、扫地机器人等家用电器逐步改变了人们的生活劳动方式，日常生活劳动对于体力的要求已逐步弱化，但对技能的要求并没有弱化。

生活靠劳动创造，幸福靠劳动创造，人生也靠劳动创造。热爱劳动、尊崇劳动、勤奋劳动自古以来就是中华民族的传统美德，我们人类就是在刀耕火种的劳动淬炼中，实现了社会的发展和文明的提升。如今我们建设新时代，从眼前的全面建成小康社会到长远的中华民族伟大复兴，需要靠每一个人的劳动来实现。高职学生要在日常生活劳动中树立正确的劳动观，认识到"劳动最光荣"的道理。

（2）审美性生活劳动

审美性生活劳动与技能性生活劳动主要在层次上有所区别，比如整理家务这一重头戏，劳动者把家里整理一遍，属于技能性生活劳动，但劳动者按自己的审美方式调整室内家具和摆件，种植几盆室内植物或插一束鲜花，美化生活空间，为自己的生活创造了美和幸福，这就属于审美性生活劳动。

2. 生产劳动

从劳动的自然形态来看，生产劳动是指创造物质财富的劳动，如工业、农业、交通运输业、建筑业等行业中的劳动。从劳动的社会形态来看，生产劳动指体现特定社会生产关系本质的劳动。作为高职院校的大学生，认知生产劳动要与专业相结合，要关注社会需求，掌握职业技能，在进行生产劳动的过程中，亲自参与生产环节，把所学理论知识应用于生产，不断学习、掌握专业技能，获取基本的职业生存能力。这些都有利于学生将来更好地适应岗位需求及职业发展动态。因此，为了使学生更好地参加生产劳动，开展劳动教育要实现以下两方面的结合。

（1）劳动价值取向与专业特点深度结合

各专业的不同特点决定了涵养劳动情怀的侧重点不同。高职院校学生应树立"无论从事什么职业，都要勤于学习，善于实践，踏实劳动、勤勉劳动，在工作上兢兢业业、精益求精"的普适性劳动观，在专业中涵养劳动情怀，在专业学习中掌握专业化的知识技能、习得一技之长，了解本专业的就业方向和职业未来发展趋势，在专业实习中增强解决实际问题的实践能力，结合本专业培育自己的核心竞争力。同时，还要树立正确的择业观，自觉到艰苦地区和行业工作和奋斗，培养服务社会、报效国家的奉献精神。

（2）实习实训与专业发展的深度结合

实习实训是大学生参与专业生产劳动的重要途径，进行创造性劳动是大学生劳动教育的重要目标。大学生可以在实习实训中运用并检验所学专业知识，夯实专业基础，深化专业前沿研究，推动专业理论与实践的创新发展。

伴随着人工智能的快速发展，高校的劳动教育要适应科技发展和产业变革，针对劳动新形态，注重新兴技术支撑和社会服务新变化，要深化产教融合，强化诚实合法劳动意识，培养科学精神，提高创造性劳动能力。

3. 服务性劳动

服务性劳动是利用知识、技能、工具、设备等，为企业、他人或社会无偿提供服务，以促进企业、国家和社会公共领域事业的发展为目的的活动。服务性劳动不直接生产有形的物质产品，不直接创造财富，而是主要创造使用价值。服务性劳动分为有偿劳动和无偿劳动。有偿劳动指凭借自己拥有的知识、技术等服务于他人、企业和社会，并获取相应回报的劳动。无偿劳动一般指到福利院、乡村、社区从事服务他人、奉献社会的劳动，具有明显的公益性。高职学生积极参加服务性劳动，不仅能锤炼个人劳动技能，还能运用专业所长服务社会，更好地实现个人价值。

—— 课业实操 ——

实操 1： 以小组为单位，每组 5~7 人，讨论高职院校学生的劳动教育可以从哪些方面开展。

_____

_____

实操 2： 以小组为单位，每组 5~7 人，讨论劳动与学习、实践、创造、职业及发展的关系，从而深入认识和理解劳动的本质。

_____

_____

_____

实操3：以小组为单位，每组5~7人，制定一份劳动计划，并组织实施。

_____

_____

_____

— 课 业 评 价 —

评价项目	课业是否完成 （40分）	课业完成质量 （60分）	考评成绩 （100分）
评价分值		实操1（15分）	
		实操2（15分）	
		实操3（30分）	

弘扬劳动精神

社会主义是干出来的,新时代是奋斗出来的。

——习近平

能力目标

正确认识劳动精神的内涵

认识劳模并认知劳模精神

了解工匠精神在当代的价值

素养目标

培育崇尚劳动、热爱劳动、辛勤劳动、诚实劳动的劳动精神

自觉传承劳模精神

领会并践行工匠精神

任务描述

亲爱的同学们,请结合自身专业,阐述如何有效培育劳动精神、传承劳模精神和践行工匠精神。结合实例,深刻理解劳动精神、劳模精神、工匠精神的价值和意义。

劳动精神、劳模精神、工匠精神是广大劳动群众在从事社会生产的劳动实践中锤炼形成的，是工人阶级和广大劳动群众弥足珍贵的精神财富。在长期实践中，我们培育形成了崇尚劳动、热爱劳动、辛勤劳动、诚实劳动的劳动精神，爱岗敬业、争创一流、艰苦奋斗、勇于创新、淡泊名利、甘于奉献的劳模精神，执着专注、精益求精、一丝不苟、追求卓越的工匠精神。其中，劳模精神和劳动精神是部分与整体的关系，劳模精神和工匠精神是外力和内力的关系，劳动精神和工匠精神是共性和个性的关系。劳动精神、劳模精神、工匠精神都是以爱国主义为核心的民族精神和以改革创新为核心的时代精神的生动体现，是鼓舞全党全国各族人民风雨无阻、勇敢前进的强大精神动力。

想一想

"自我的双手种出的果实，哪怕是酸的，吃起来也别有一番滋味。"你如何理解这句话？

_____

_____

_____

习近平总书记在全国教育大会上提出，要在学生中弘扬劳动精神，教育引导学生崇尚劳动、尊重劳动，懂得劳动最光荣、劳动最崇高、劳动最伟大、劳动最美丽的道理，长大后能够辛勤劳动、诚实劳动、创造性劳动。习近平总书记在二十大报告中再次强调，"坚持尊重劳动、尊重知识、尊重人才、尊重创造"，这些重要论述为我们重视劳动教育、加强劳动教育、做好劳动教育提供了重要遵循。

马克思指出，劳动已经不仅仅是谋生的手段，而且本身成了生活的第一需要。中华民族是勤于劳动、善于创造的民族。广大青少年是社会主义的建设者和接班人，要推动他们从小接受劳动教育，感受劳动之美，养成崇尚劳动、尊重劳动、辛勤劳动、诚实劳动的习惯，从而以劳动教育树时代新人，用劳动之手创造幸福生活。

1. 认识劳动精神的内涵

劳动推动了人类社会进步，创造了人们的幸福生活。劳动精神是每一位劳动者为创造美好生活而在劳动过程中应当秉承的劳动态度、劳动理念及其展现出的劳动风貌。劳动精神要求一名合格的劳动者应展现出崇尚劳动、热爱劳动、辛勤劳动和诚实劳动的精神风貌。

（1）崇尚劳动

崇尚劳动是社会主义核心价值观的重要体现和应有之义。崇尚劳动就是要牢固树立劳动最光荣、劳动最崇高、劳动最伟大、劳动最美丽的观念。崇尚劳动就是崇尚劳动之美、认可劳动者的价值与地位。只有全社会都崇尚劳动，才能释放劳动的价值与魅力，提升对劳动者的认同，为实现中国梦汇聚最磅礴的力量。

习近平总书记强调，我们所处的时代是催人奋进的伟大时代，我们从事的事业是前无古人的伟大事业。全面建成小康社会，进而建成富强民主文明和谐的社会主义现代化国家，根本上靠劳动、靠劳动者创造。一个时代无论处在何种历史方位，一个国家、一个社会无论内外条件如何变化，都应该将崇尚劳动作为永恒的主题，都必须始终关注劳动者在推动国家发展、社会进步和家庭幸福中的主力军作用。反过来，如果不鼓励人民群众特别是青年学子从基础做起、从基层做起，而是任由他们一味追求身份与工作的"光鲜亮丽"，忽略成果背后的辛劳与汗水，中华民族伟大复兴的中国梦就难以实现。倡导崇尚劳动，是因为劳动是一切成功的必经之路。当前中国正处于"两个一百年"奋斗目标的历史交汇期，正朝着建设社会主义现代化强国迈进，在根本上需要依托劳动、依托劳动者。把崇尚劳动作为全社会弘扬劳动精神的重要一环，既是对劳动者社会地位的伦理表达，也是对劳动独特作用的权威认定。

想 一 想

有的大学生在社会实践和工作的过程中，思想活跃、点子多，有创新的能力和想法，但在需要行动和实践的时候，积极性和主动性却又不是很高。你如何看待这种现象？

_____

_____

_____

（2）热爱劳动

热爱劳动是劳动者对劳动的积极心理态度，是创造众多社会奇迹的劳动者所共有的品质。习近平总书记多次强调，"全社会都要热爱劳动，以辛勤劳动为荣，以好逸恶劳为耻"。只有基于对劳动的热爱，劳动者才能最大程度发挥聪明才干，提高劳动效率，进而体会到自我价值实现的满足与喜悦。如果对劳动不能形成由内而外的热爱，劳动就会异化为外在的束缚和枷锁，那人在劳动中必然不是感到幸福，而是感到不幸。人民群众只有坚守热爱劳动的价值观念，继承和发扬热爱劳动的优良美德，才会心甘情愿接受劳动，实现由"要我劳动"到"我要劳动"的转变；才会心悦诚服地认同劳动，在工作岗位上埋头苦干；才会心无旁骛埋头劳动，全面提升自身的劳动素养。

"民生在勤，勤则不匮。"热爱劳动一直都是中华民族的传统美德和优秀文化基因。《孟子》中就有"后稷教民稼穑，树艺五谷；五谷熟而民人育"的记载。勤劳创业、耕读传家是中国教育的重要内容，"劳"与"学"在历史上从未分离过。五千多年的灿烂文明、辉煌历史，是由世世代代中华儿女的艰苦劳动积累起来的，是劳动的产物和结晶。综观历史，中国人民的劳动精神与中华民族的文明成果密切相关。劳动是造就中华民族辉煌历史的根本力量，同样也是创造中华民族光明未来的根本途径。

▶ 想 一 想

有人认为，"互联网＋"及人工智能的进步与发展，将人们从很多"日常劳动"中解放出来。动动手指，外卖就会送餐上门；发布语音指令，机器人就能帮我们打扫卫生。有人说，随着产业结构变化、社会分工进一步细化，劳动已经离我们越来越远。你如何看待这种说法？

_____

_____

_____

（3）辛勤劳动

辛勤劳动强调的是劳动者勤劳而肯吃苦的劳动状态，是中华民族代代相传的优秀品质。习近平总书记多次强调辛勤劳动、艰苦实干的重要性。"任何一名劳动者，要想在百舸争流、千帆竞发的洪流中勇立潮头，在不进则退、不强则弱的竞争中赢得优势，在报效祖国、服务人民的人生中有所作为，就要孜孜不倦学习、勤勉奋发干事。""在田间地头，就要精心耕作，努力赢得丰收。在商场店铺，就要笑迎天下客，童叟无欺，提供优质的服务。只要踏实劳动、勤勉劳动，在平凡岗位上也能干出不平凡的业绩。"无论人民群众从事劳动的外在环境如何变化，辛勤劳动都是个人追求美好生活、实现人生价值的内在要求和可靠抓手。身处舞台更大、机遇更多、科技更强的新时代，广大劳动者只要勤于奋斗、乐于奉献，撸起袖子加油干，就能开创出人生的精彩事业。

"功崇惟志，业广惟勤。"辛勤劳动就是要使劳动成为生命的价值实现，成为生存的基本手段，成为生活的必要内容，长年累月、持之以恒，不放弃、不懈怠，方能一分耕耘一分收获。中国特色社会主义进入新时代，我国的社会主要矛盾已经转化为人民日益增长的美好生活需要和不平衡不充分的发展之间的矛盾。实现中国梦，创造更加幸福美好的生活，任重而道远，需要我们每一个人持续付出辛勤劳动和艰苦努力。

（4）诚实劳动

诚实劳动作为劳动者在生产生活中的一种工作要求，体现为遵从工作标准、遵循职业要求、遵守法律法规等，是维护社会公平正义、彰显劳动本义、闪烁人性光辉的精神品质。"人世间的美好梦想，只有通过诚实劳动才能实现；发展中的各种难题，只有通过诚实劳动才能破解；生命里的一切辉煌，只有通过诚实劳动才能铸就。"劳动者唯有诚实守信、脚踏实地、勤恳劳动，才能收获安于内心的劳动成果。我们要传承好中华文化"诚实"这一优秀基因和宝贵品质，让诚实劳动成为全民追求的价值风尚。无论是扎根平凡岗位的一线劳动者，还是身处高精尖技术岗位或管理岗位的高素质技术技能人才，无论投身哪个行业，从事什么职业，都应该以诚实劳动为基本准则。对于广大劳动者而言，要牢牢守住诚信做人的底线，践行"诚信"价值观，把诚信作为安身立命之本，始终以诚为先、以诚为重、以诚为美，让诚实劳动成为价值自觉、道德品行和行动操守。要厚植诚实劳动的土壤，净化诚实劳动的环境，在全社会形成诚实劳动的良好风尚。

诚实劳动是辛勤劳动的具体表现。我们崇尚劳动、尊重劳动，更要正确地付出劳动、从事劳动。诚实劳动就是要保持高度的敬业精神，践行各自的职业操守，竭尽其力、竭尽所能，认真地参与每一个劳动过程，负责地完成每一件劳动产品。诚实守信，自古就是中国人"修身、齐家、治国、平天下"的根本。在劳动中，诚实也是最基本的劳动态度和职业素养。"空谈误国，实干兴邦。"实干，就是要脚踏实地地劳动。新时代大学生要有吃苦耐劳的品质和脚踏实地的实干精神。

诚实劳动最可贵

想 一 想

作为一名高职大学生，你对劳动精神内涵中的哪一点感触最深？谈谈你的感悟。

_____

_____

_____

2. 培育劳动精神需要良好的社会环境

劳动精神不是与生俱来的，需要在教育上不断灌输，在实践中不断养成。习近平总书记强调，要教育孩子们从小热爱劳动、热爱创造，通过劳动和创造播种希望、收获果实，也通过劳动和创造磨炼意志、提高自己。环境影响着人的发展方向，培育劳动精神也需要良好的社会环境。要通过有效整合家庭、学校和社会等各方面力量，形成协同育人格局。

（1）家庭劳动环境

家长是孩子的第一任老师，家庭是实施劳动教育的重要场所，"家庭要发挥在劳动教育中的基础作用"，家庭环境是人发展的根基。家长要鼓励孩子利用节假日参加社会劳动，树立崇尚劳动的良好家风。大量的调查研究证明，童年养成劳动习惯的孩子，长大后会更具有责任心，也会更适应家庭生活和职场工作的需要。要充分发挥家庭在劳动精神培养和教育中的作用，家长在日常生活中的言传身教和家庭环境都会潜移默化地影响着孩子。

现代家庭中，很多家长将孩子当作家中的"小公主""小皇帝"，给孩子报了各种培训班、技能班，除了学习，什么都不让孩子做，所有的事情由家长包办。这样的成长环境最终只会导致孩子变得衣来伸手、饭开张口、四体不勤、五谷不分。家庭成员要积极引导孩子参加家庭劳动，培育孩子的劳动意识（图 2-1）。

图 2-1
家庭劳动

（2）学校劳动环境

学校在人的身心发展中起着引领和主导作用，是弘扬社会主义核心价值观的主阵地，担负着引导学生形成科学世界观、人生观、价值观的使命。在培育劳动精神的过程中，学校要发挥主导作用，包括开齐开足劳动教育课程，统筹安排课内外劳动实践时间，有序安排学生参加集体劳动等（图2-2）。通过校园劳动环境的创建，使广大青年学子树立正确的劳动观念，养成良好的劳动习惯，培养劳动情感、劳动精神等。

劳动最光荣

图2-2
学校劳动

（3）社会劳动环境

弘扬劳动精神，必须在全社会形成崇尚劳动、尊重劳动、热爱劳动的大环境。如果社会上没有形成良好的劳动风气，就会严重影响年轻人对劳动的认识。如果全社会的大环境是轻视劳动，学生即使在学校培养了一定的劳动精神，有崇尚劳动、尊重劳动的意识，也懂得劳动最光荣、劳动最崇高、劳动最伟大、劳动最美丽的道理，但离开学校，走入社会，可能马上就将其抛诸脑后。从社会角度看，企业公司、工厂农场等可以开放实践场所，公益基金会、社会福利组织等可以搭建多样化的劳动实践平台。在全社会范围内弘扬劳动精神，带动全社会崇尚劳动、热爱劳动、辛勤劳动和诚实劳动。

3. 宣传劳动精神的途径

劳动创造了中华民族，造就了中华民族的辉煌历史，也必将创造出中华民族的光明未来。习近平总书记关于劳动和劳动精神的重要论述为我们正确认识劳动精神的科学内涵指明了方向。我们要在全社会积极开展劳动精神的宣传，营造人人热爱劳动的氛围，树立以辛勤劳动为荣、以好逸恶劳为耻的社会风尚。

　　高职院校学生有很多参与劳动的机会，请选择一种适合自己的途径来锻炼自身的劳动能力，同时培养劳动精神。

_____

_____

_____

任务二　传承劳模精神

　　劳模精神是劳模之所以能够成为劳模，并能够在平凡岗位上做出不平凡业绩所坚持、坚守、坚定的基本信念、价值追求、人生境界及其展现出的整体精神风貌。劳动模范身上体现的"爱岗敬业、争创一流、艰苦奋斗、勇于创新、淡泊名利、甘于奉献"，是伟大时代精神的生动体现。在我国经济建设的不同历史时期，广大劳动模范以高度的主人翁责任感、卓越的劳动创造、忘我的拼搏奉献，谱写出一曲曲可歌可泣的动人赞歌，树立了光辉的学习榜样。

　　劳动模范是时代的楷模、劳动者的优秀代表、广大人民群众的榜样，他们的品格是伟大的，精神是永恒的。劳模精神是一面旗帜，也是时代的导向、历史的丰碑。劳模精神深受中华传统文化影响，吸收了中华民族热爱劳动的传统美德、重义轻利的道德准则、自强不息的精神追求，凝练了中华优秀传统文化的精华。学习劳模精神，有利于大学生正确认识劳动价值，纠偏不端正的劳动行为，克服浪费挥霍、不劳而获、生活懒散的恶习，改善校园中不利于学生身心健康发展的风气，培养大学生笃实力行、艰苦奋斗的意志品质，激发大学生爱国爱家的情怀和勇于担当的意识。

　　劳模精神具有深厚的文化基础。博大精深的中华优秀传统文化是劳模精神的文化根基，它生成于中国共产党的革命文化，内在于社会主义的先进文化。以劳模精神引领劳动教育，有助于大学生端正人生态度，正确看待社会责任，树立人生目标，展现主人翁意识，厚植大学生劳动情怀，实现学生知识的内化和劳动能力的增强，引导大学生自觉将劳模精神内化为人格品质。

1. 认识劳模

光荣属于劳动者，幸福属于劳动者。在 2020 年 11 月 24 日举行的全国劳动模范和先进工作者表彰大会上，习近平总书记发表重要讲话并指出："社会主义是干出来的，新时代是奋斗出来的。""劳动模范是民族的精英、人民的楷模，是共和国的功臣。"

全国劳模潘从明数十年如一日"找难题、啃难点、攻难关"，从铜镍冶炼的废渣中提取 8 种以上稀贵金属，仅凭溶液颜色便能准确判断 99.99% 的产品纯度；"80 后"工程师陈亮刻苦攻关，把模具精度控制在 1 微米之内，相当于头发丝的 1/60；高级技师周家荣三十年如一日地研究钢丝绳，世界排名前 100 的大桥中，有 40 多座使用了他们团队生产的产品。

图 2-3
向劳动者致敬

劳模的典型事迹为劳动教育提供了生动形象的教科书，劳模所在单位和劳动场所也是学生体验劳动的重要场地，通过参观劳模劳动场地和进行情景模拟，引发同学们对劳动教育的本质内涵和劳动价值的深入思考，并向各行各业的劳模致敬（图 2-3）。

案例品读

许振超："振超精神"令世人赞叹

1950 年 1 月，许振超出生在一个贫穷的工人家庭。1974 年，只读了一年半初中的他进入青岛港，当上了码头工人。那时的青岛港码头，作业区只有几台吊车，卸货装车都得人抬肩扛，作业时整个码头灰尘飞扬，工友们经常脸贴着脸都认不出人来。随着改革开放的春风吹到青岛，码头上的作业机械从吊车逐渐增加到叉车、牵引车、装卸机械门机等，作业效率大大提高；

泊位小、吃水浅的老码头经过系列技术改造，扩大了泊位等级，吃水也深了。

1987年青岛港有了桥吊，许振超当上了桥吊司机。他刻苦钻研怎么能开好这个先进设备，不懂原理就一点点"啃"图纸，操作不熟练就加班加点训练，终于练就了"一钩准""一钩净""无声响操作"等绝活，先是通过青岛市职业劳动技能考核获得了技师资格证，后来又评上了高级技师。

当上桥吊队长的许振超，不仅时刻鞭策自己，还带出了一支技术精、作风硬、效率高的优秀团队。2003年"五一"国际劳动节前夕，在青岛港投产不久的前湾新港区码头，许振超和工友连续奋战6个多小时，成功装卸2 740标箱，实现每小时装卸339个自然箱的最高纪录，一举打破当时单船每小时装卸336个自然箱的世界纪录。

一年半后，许振超和工友又将这一纪录改写为347个。到今天，这一项纪录已在青岛港刷新8次。"在全世界港口行业中把集装箱装卸速度干到第一，不仅是我的梦想，也是我们港口所有工友的梦想，正是有这样的魄力和努力才成就了现在的我们。"许振超说。

为解决集装箱轮胎式龙门吊费油、污染环境难题，许振超经过两年多的摸索，从飞机空中加油技术中得到启发，于2007年成功完成了集装箱轮胎式龙门吊的"油改电"工程，填补了国际空白，为国家节约了巨额成本。他在工作中创造的"振超工作法"，更是为青岛港提速建设发展提供了宝贵经验。

如今，青岛港的桥吊已经更新到第九代。在全球最先进的全自动化码头，9名远程操控员就能承担传统码头60多人的工作。面对智慧化、信息化时代的到来，许振超认为，我国的装备和技术仍有很大的改善空间，也意味着产业工人还有进步和提升的空间，党的十九大报告提出建设知识型、技能型、创新型劳动者大军，为产业工人指明了目标。

（资料来源：中国交通新闻网，有删改）

同学们，读完许振超的故事，你有什么感悟？

_____

_____

_____

2. 认知劳模精神

劳动模范是民族的精英、人民的楷模。要大力弘扬劳模精神，大力倡导崇尚劳动的价值准则。广大劳模以平凡的劳动创造了不平凡的业绩，铸就了"爱岗敬业、争创一流、艰苦奋斗、勇于创新、淡泊名利、甘于奉献"的劳模精神，是实现中国梦的价值楷模。劳模精神彰显了劳动的丰富价值，展现了劳动者的崇高境界。

爱岗敬业，是劳模精神的基础，即热爱本职工作，对待工作一丝不苟。争创一流，是劳动精神的精华，即追求一流的技术水平，干出一流的工作业绩，达到一流的工作效率。艰苦奋斗，是劳模精神的本质，也是劳模精神的根本内涵。勇于创新，是劳模精神的核心，是指运用已有的知识方法进行发明创造。淡泊名利，是劳动精神的灵魂，新时代的劳模不会只看重眼前的利益，而是心怀大志，心无杂念，用纯粹的心投入所从事的事业中。甘于奉献，是劳模精神的底色，奉献是一种态度，是一种行动，也是一种信念。

（1）爱岗敬业

"敬业"是中华民族的传统美德，也是社会主义核心价值观的基本要求之一。爱岗敬业是从业者基于对职业的崇敬和热爱而产生的一种全身心投入的认真、尽职的职业精神状态。爱岗是敬业的基础，而敬业是爱岗的升华。

"爱岗"就是干一行爱一行，热爱本职工作，不见异思迁，不被高薪及利益所诱，淡泊名利，坚守初心。"敬业"就是要钻一行、精一行，对待工作勤勤恳恳、兢兢业业、一丝不苟、认真负责。

（2）争创一流

争创一流，就是不断追求一流的技术水平，干出一流的工作业绩，创造一流的工作效率，在平凡的工作岗位上做出不平凡的业绩。就是要对任何一项工作都满怀激情、满腔热情，有求上进、讲奉献的意识，有争上游、创一流的劲头，有锲而不舍、奋斗到底的精神，永不懈怠，永不停顿，永不放松，一步一个脚印地把工作向前推进，不断朝着新的更高的目标迈进。

（3）艰苦奋斗

艰苦奋斗是一种斗争精神，即不怕艰难困苦，英勇顽强地去战胜困难。艰苦奋斗也是一种创业精神，即在与艰难困苦作斗争的过程中，奋发向上，锐意进取，辛勤创业。

古人云："天将降大任于斯人也，必先苦其心志，劳其筋骨，饿其体肤，空乏其身，行拂乱其所为，所以动心忍性，曾益其所不能。"古时，不仅有勾践卧薪尝胆，每天用"苦味"提醒、鞭策自己的事例，还有"良药苦口"的警句。在现代生活中，我们常常会羡慕别人外表光鲜亮丽的生活，殊不知别人在背后付出多少辛苦。十分耕耘绝对有一分大收获，十分辛苦绝对有一分大甘甜。有些苦是必须要吃的，今天不苦学，少了精神的滋润，注定了明天的空虚；今天不苦练，少了技能的支撑，注定了明天的迷茫。为了日后的充实与坚定，苦在当下很值得！

李永山：用担当和奋斗扛起先锋模范的旗帜

（4）淡泊名利

淡泊名利是做人的一种崇高境界，即正确对待名与利（图2-4）。人生需要奋斗，奋斗既能带来物质财富，也能带来精神财富。心静贵在淡泊名利，提高精神上的追求，增强自律，做最好的自己。成功不会一蹴而就，不管做什么事情，都要有条不紊，把事情一件一件落到实处，不投机取巧，不损人利己。

"非淡泊无以明志，非宁静无以致远。"现代社会中，有太多的人在相互攀比和竞争名利中迷失自己，成为金钱和权势的奴隶。淡泊以明志，宁静以致远。权力是一时的，金钱是身外的。我们应秉持淡泊名利的良好心态，怀抱人生理想和志向，保持拼搏精神和顽强毅力。

图2-4
在工作上"争"
在名利上"让"

（5）甘于奉献

新时代强烈呼唤奉献精神。我们要在工作上体现进取心、责任感，立足本职，敢于担当；在名利上展现谦逊无私的品德。甘于奉献是一种美德，更是一种力量；需要不忘初心，更需要砥砺前行。奉献的过程是艰苦的，收获是幸福的。只有弘扬奉献精神，并把它作为一种极具力量的精神武器，才能推动社会的发展。

陆云："金鸡"起舞奔小康

（6）勇于创新

创新精神是劳模精神的重要内核。创新始于足下，创新不问出身，只有不畏艰难，才能取得成功（图2-5）。敢于创新、勇于开拓，不断创新方法、手段、工艺，才能给国家、社会、企业创造新的价值。只有每一个人做好自己，突破自己，勇于创新，才能推动民族进步，从而为国家发展提供不竭的动力。

图2-5
勇于创新

案例品读

赵宏波：三十年恪守公交人初心

赵宏波，吉林市城市公共交通集团有限公司副总经理。自1990年毕业分配到公交公司，他在公交战线一干就是30年。30年来，他勤勉尽责，坚守初心，在本职岗位上创造了良好业绩，先后荣获"2018年绿色出行宣传月和公交出行宣传周先进个人""魅力江城优秀建设者""安康杯竞赛优秀个人"等多项荣誉称号。2017年被吉林市政府授予"劳动模范"荣誉称号。

"全心全意为人民服务。"从进入公共交通行业的那天起，这句话就深深地扎根在赵宏波的心里。赵宏波大部分时间都坚守在运营一线，每一个极端天气、每一次道路突发事件，他都是第一时间赶到现场，了解车辆安全运营情况，调度组织车辆有序运营，确保百姓出行便捷安全；每一项紧急的工作任务、每一次检查调研，他都身先士卒，保证工作落实。

赵宏波以百姓的出行需求为出发点和落脚点，采取一系列方式提升整体服务品质。他在东北地区首推街巷"微公交"，利用免费换乘的方式强化公交接驳性，解决市民出行"最后一公里"问题；他推动开通旅游专线，使公交专业化的服务在旅游客运市场占了一席之地；他组织创建主题文化车厢，为广大乘客营造温馨、舒适、具有文化氛围的乘车环境；他倡导推出手机App扫码支付、车厢Wi-Fi等新的服务项目，不断刷新公众的出行体验满意度；他在春运期间调度部分线路进行延时服务，满足春运期间返乡、返程市民的出行需求。在吉林市举办的国际马拉松赛事、电影节、冰雪节等大型活动中，赵宏波都能立足公益性定位，制定运行方案、安排活动用车、组织人员提供服务。

2017 年、2018 年吉林市遭受特大洪水灾害，市内道路被淹、市民出行受阻，口前等地大量群众被困。赵宏波冒雨查看市内道路情况，现场指挥部署，以最快的速度、最短的时间恢复主干线运营生产，第一时间让市民坐上放心车、安全车；他组织救援人员、车辆及救援工具，亲自带队奔赴抗洪一线，先后出车 170 余台次，救援转移群众 5 000 余人。

"要干就要干成、要干就要干好！" 30 年来，赵宏波恪守公交人的初心，用实际行动诠释了一名共产党员的责任与担当。

(资料来源：吉林省交通运输厅网站，有删改)

想 一 想

该案例对你有哪些启示？通过学习你悟出了哪些道理？

_____

_____

_____

3. 身体力行传承劳模精神

劳模精神中，爱岗敬业是本分，争创一流是追求，艰苦奋斗是作风，勇于创新是使命，淡泊名利是境界，甘于奉献是修为。做一个守本分的劳动者，是每一位劳模的精神风范，更是每一位劳动者应该追求的目标。"纸上得来终觉浅，绝知此事要躬行。"只有自觉把人生理想、家庭幸福融入国家富强的伟业之中，才能最终构建起个人与集体、个人梦与中国梦、小家与国家民族融合统一的发展共同体和命运共同体。

（1）在学习中传承劳模精神

劳模精神体现在学习上，就是刻苦钻研，不畏艰苦，孜孜不倦地学习科学文化知识，勇于探索和创造，不断提高政治理论和科学文化水平，不断完善自己的人格。作为学生，我们要时刻牢记：在学习上没有捷径可走，正确的学习方法可以提高学习效率，但科学的方法不等于捷径。有好的方法，但不付出艰苦的努力，任何人都无法取得成功。

（2）在工作中传承劳模精神

劳模精神体现在工作上，就是要在平凡的岗位上践行劳动理念，在本职工作中培育劳动情怀，不畏艰险地去完成各项任务，学习并传承劳模的工作态度、工作作风、工作方式，学习他们看待工作的视角，推动自身工作的贯彻落实与创新发展。

中国梦　劳动美

想 一 想

　　企业希望员工爱岗敬业，"干一行、爱一行、钻一行"，然而面对未来职场的变幻莫测，"技多不压身，艺多不害人"已成为众多职业院校学生信奉的至理名言。你如何看待这种想法?

_____

_____

_____

1. 理解工匠精神的本质

　　实现中华民族伟大复兴的中国梦，不仅需要大批科学技术专家，同时也需要千千万万的能工巧匠。"工匠精神"作为一种优秀的职业道德文化，它的传承和发展契合了时代发展的需要，具有重要的时代价值和广泛的社会意义。

大国工匠孟剑锋：一辈子只干一件事

　　工匠精神属于职业精神的范畴，是从业者的一种职业价值取向和行为表现。它是从业者对产品精雕细琢、精益求精的理念，是不断地雕琢产品、享受产品升华的精神追求。工匠精神的核心是对品质的追求，工匠精神的目标是打造本行业的精品。工匠精神的本质就是全身心投入的敬业精神、追求卓越的精益精神、持之以恒的专注精神和追求突破的创新精神。

（1）全身心投入的敬业精神

敬业精神是人们基于对一件事情、一种职业的热爱而产生的一种全身心投入的认真专注、尽职尽责的职业精神状态，本质是奉献精神。敬业精神就是在自己的领域树立主人翁的意识，把职业当作事业来对待，在工作中秉承认真踏实的工作态度，培养积极向上的劳动态度和艰苦奋斗的精神，力争为企业、行业乃至国家做出自己的贡献。

（2）追求卓越的精益精神

精益即精益求精，是指对精品的执着坚持和追求，是从业者对每件产品、每道工序都凝神聚力，追求极致的职业品质。精益求精的过程就是反复改进、不断完善、将品质从99%提升到99.99%的过程。

（3）持之以恒的专注精神

专注即内心笃定，着眼于细节，包含耐心、执着、坚持的精神。它要求从业者做到抱元守一，忠于职守。专注是所有"大国工匠"必须具备的精神特质。

（4）追求突破的创新精神

工匠精神不仅意味着执着、坚持、专注、陶醉、痴迷，还包括追求突破、追求革新的创新内蕴。这要求工匠必须把"匠心"融入生产的每个环节，既要有对职业敬畏、对质量严苛的职业精神，又要有追求突破、追求革新的创新活力。

2. 培植工匠精神

（1）重视工匠的作用与地位

作为当代大学生，我们要重视工匠的作用和地位，在专业工艺知识和技能方面下功夫，通过专业学习、实践实习等方式，感受工匠对工艺精益求精的钻研精神，以及工匠、工匠精神对国家经济建设和社会发展的重要意义。

（2）建构工匠精神氛围

在全社会建构崇尚工匠精神的氛围，将追求卓越、崇尚质量作为全民价值引导方向。加大对各类大国工匠事迹的宣传，建构劳动光荣的良好社会氛围，有效引导更多青年成为"能工巧匠"。

（3）在实践中培育工匠精神

当代大学生应在劳动过程中不断探索、创新，在实践中培养奉献精神，树立正确的职业观念，切实传承、践行工匠精神；发扬理论联系实际的作风，深入工厂，到企业中接触一线工人，感触工匠精神。

3. 以职业教育弘扬工匠精神

党的十八大以来，习近平总书记多次强调要弘扬工匠精神。工匠精神是国家之根基、民族之灵魂、个体之根本，是国民教育和全社会需要坚守的价值所在。培育工匠精神需要家庭、学校、企业、社会等各个环节环环相扣，共同发力，相互作用，其中职业教育无疑是最重要、最关键的环节。作为实施职业教育的重要阵地，弘扬和培育工匠精神已成为高职院校教育工作的重中之重。

当前，我国经济正处于转型升级的关键时期，迫切需要培养大批技术技能人才。要推动职业教育进一步坚持面向市场、服务发展、促进就业的办学方向，坚持工学结合、知行合一、德技并修，坚持培育和弘扬工匠精神，努力造就源源不断的高素质产业大军，投身大众创业、万众创新，为更好发挥我国人力人才资源优势、推动中国品牌走向世界、促进实体精神迈向中高端做出更大的贡献（图2-6）。培养学生的职业技能，是高职教育办出特色、办出水平，得到企业和社会认可的最主要的因素。要进一步加大在校园中对工匠精神的宣传力度，引导广大学生建立崇高的职业

图2-6
中国品牌

理想，建构良好的职业道德。职业教育已成为工匠精神培养和弘扬的重要途径。

（1）工匠精神与校园文化建设有机结合

校园文化建设有利于增强同学们对工匠精神的认识、理解、重视和认同，促进工匠精神融入人才培养全过程。校园文化建设能够潜移默化地使大学生将工匠精神的价值理念融入自身的发展目标和职业素养，自觉践行工匠精神。

学生要在校园内形成重视和崇尚工匠的文化氛围，积极参与职业技能比赛、创新创业项目、工匠精神论坛等活动，使弘扬工匠精神和提升职业素养成为高职院校师生的共同追求和价值坚守。通过知名企业家讲坛、大国工匠成长历程分享等活动加强工匠精神的宣传，增强对工匠精神的情感认同。通过校园文化建设实现文化影响人、文化育人，促进工匠精神的培育与养成。人与文化精神是相互作用和相互影响的，校园文化在感染学生学习工匠精神的同时，学生也会为校园文化注入更多的工匠精神，不断增强对工匠精神核心内涵与时代价值的认同。

（2）严格落实立德树人职责

为了使培育工匠精神和人才培养方案有机结合，职业院校要将培育工匠精神纳入职业教育和人才培养的工作目标中，教育和培养具有高素质职业技能的优秀人才，为国家和社会培养具有工匠精神的人才乃至"大国工匠"。深入挖掘培育工匠精神和思想政治教育的联系，在完成立德树人职责使命的过程中融入工匠精神。

以工匠精神为导向树立和完善以创新创造和精益求精为特征的人才培养目标和人才评价机制，以工匠精神为基调制定人才培养目标，提高人才培养质量。

（3）改革创新教育模式

在教学实践与课程实施中融入以创新创造和精益求精为核心的工匠精

神，加强工匠精神的理论知识学习和技术技能训练。将工匠精神贯穿于教学的全过程，针对新形势和新要求，对学生的技术技能素质进行优化与调整，将理论学习和实践培训结合起来。以工匠精神引领职业能力和综合素质的教育和培养，形成课程育人的系统化，推动课程育人的常态化。在教学和课程中注入工匠精神的核心内涵，形成教学与课程的价值合力，实现工匠精神育人育才的整体化效应。

（4）提高产教融合程度

高职院校和企业是职业教育人才培养的两大主体，产教融合是职业教育高质量发展的主线，也是形成和健全工匠精神的重要方式。充分发挥高职院校、企业、政府、社会的协同育人作用，充分调动各方主体相互合作、紧密配合、共促发展以形成培育工匠精神的合力。通过校企合作、产教融合

图 2-7
校企合作
产教融合

（图 2-7），帮助学生从学校走向企业、从书本走向实践、从专业学习走向实际操作，以工匠精神为导向提高职业教育人才培养质量，为国家和社会培养出更多具有创新创造和精益求精追求的优秀人才，彰显和实现培育工匠精神的时代价值。

▎ 想 一 想

同学们，你们认可表 2-1 展示的职业院校学生工匠精神培养指标吗？为什么？

_____

_____

_____

表 2-1　职业院校学生工匠精神培养指标

素质层级	指标
知识技能	所学专业或学科的技能知识
行为习惯	自觉遵守操作规范；踏实肯练，不浮不躁，不投机取巧；精益求精，不打折扣，不急功近利；坚持写好学习和实训日志，及时总结和反思；思维活跃，主动创新；在团队中主动沟通合作
价值观	对职业敬畏与热爱；有责任担当意识和使命感；个人价值与社会价值一致
自我认知	自尊、自爱、自信、乐观
个性品质	遵守规则；守时守约；诚实守信；责任心强；严谨，一丝不苟；求真务实；有毅力、有恒心，坚韧执着；谦恭自省；开放包容；彰显个性；善于沟通合作，具有团队精神
艺术修养	艺术感受力强、细腻；艺术表达欲望强烈；趣味高雅；有一定的人文底蕴；注重文化传承
工艺追求	符合技术标准规范；精益求精，追求卓越；善于发现问题、解决问题；有原创意识，富有挑战与创新精神
动机	对所学专业领域和技艺表现出兴趣和热情；享受作品、产品不断完善的过程；追求尽善尽美的境界；对未来相关领域的职业成功和成就充满渴求

　　社会进步，离不开各行各业劳动者的共同推动。人社部数据显示，截至 2021 年 3 月，我国技能劳动者已超过 2 亿人，高技能人才超过 5 000 万人。如果将中国的发展比作一辆列车，那么在这辆列车行稳致远的背后，匠人匠心功不可没。无数劳动者以"择一事终一生"的执着专注、"偏毫厘不敢安"的一丝不苟、"千万锤成一器"的卓越追求，诠释了工匠精神，点亮了大国制造的未来。当前，我国正处在经济转型升级的关键期，比以往任何时候都更需要一大批具有高超技艺的能工巧匠挥洒汗水，贡献智慧。

2021 "一带一路" 金砖国家技能发展与技术创新大赛城市轨道交通服务员技能赛项

让更多能工巧匠竞相涌现，需要厚植工匠精神的沃土。"百工之事，皆圣人之作也"，工匠精神一直流淌于中华民族的血脉。今天，在党和政府的大力倡导下，社会上崇尚工匠精神的氛围日渐浓厚，但职业教育吸引力不强、不重视技能人才的现象依然存在。因此，需要让工匠精神更加深入人心，健全技能人才的获得感与职业荣誉感、自豪感。

要成为能工巧匠，最重要的还是自身努力。功崇惟志，业广惟勤。技能成才之路都是在经历长期艰苦磨炼、克服重重困难后，才能迎来属于自己的"高光时刻"。只有脚踏实地、认真钻研、苦练本领，方能在创新创造中攀登高峰，从"小匠"成长为"大匠"。"心心在一艺，其艺必工；心心在一职，其职必举。"平凡的从来就不是岗位，而是工作态度。秉持严谨细致的匠心，摒弃"差不多"的心态，不断追求卓越，每一个劳动者都能在新时代书写精彩动人的"工匠故事"。

想 一 想

我国近些年一直存在着企业"用工荒"与大学生"就业难"并存的现象。你如何看待这种现象？

_____

_____

_____

课 业 实 操

实操 1：以小组为单位，每组 5~7 人，讨论在自己所学的专业领域应该怎样践行劳动精神。

_____

_____

_____

实操 2：以小组为单位，每组 5~7 人，讨论新时代的高职学子应该怎样将工匠精神更好地传承和发扬下去。

_____

_____

_____

实操 3：以小组为单位，每组 5~7 人，设计一个"用所学专业服务校园"的集体活动，并组织实施。

_____

_____

_____

— 课 业 评 价 —

评价项目	课业是否完成 （40分）	课业完成质量 （60分）	考评成绩 （100分）
评价分值		实操1（15分）	
		实操2（20分）	
		实操3（25分）	

培养劳动素养

劳动不仅是经济的范畴,而且是道德的范畴。

——安东·谢苗诺维奇·马卡连柯

能力目标

正确认识劳动以及劳动素养的含义

掌握较强的劳动技能

能深入参与到各种劳动体验中

素养目标

具有劳动素养和高尚的劳动情怀

养成良好的劳动习惯

培养良好的劳动品质

任务描述

亲爱的同学们,如何养成良好的劳动习惯以及培养优秀的劳动品质呢?请结合实例,思考如何提高自己的劳动素养。

任务导入

2018 年 9 月，习近平总书记在全国教育大会上发表重要讲话，提出"要在学生中弘扬劳动精神，教育引导学生崇尚劳动、尊重劳动，懂得劳动最光荣、劳动最崇高、劳动最伟大、劳动最美丽的道理，长大后能够辛勤劳动、诚实劳动、创造性劳动"，以及"培养德智体美劳全面发展的社会主义建设者和接班人"，把"劳"列入全面发展的素质要求，首次把劳动教育纳入党的教育方针，置于立德树人的高度，体现了新时代弘扬劳动精神、提升劳动素养的教育观。这也是习近平总书记对于新时代青年最诚挚的期许。作为青年学子，不仅要接受劳动教育，更应该独立思考劳动教育的意义与价值，从内心深处认同劳动，尊重劳动，热爱劳动。

任务一　深化劳动认知

想 一 想

如何理解"劳动创造美"这句话的含义?

_____

_____

_____

　　高等学校培养的人才必须是具备良好劳动素养的高素质劳动者。大学生的劳动素养对他们未来的职业、工作岗位以及人生道路的选择具有重要的影响,长远来看也在一定程度上影响着国家和社会的未来。因此,大学生需要深入了解什么是劳动素养,同时需要知道如何培养劳动情怀,只有理解了劳动素养的内涵,才能有针对性地提高自己,从而促进自身全面发展。

1. 认识劳动素养的内涵

　　自古以来,中外教育学家和思想家就非常重视劳动技能素质的培养。文艺复兴时期,法国教育家拉伯雷重视体验教育,他主张学生要亲自参与劳动实践,通过亲身体验来学习并掌握各种操作。被称为"教育学之父"的捷克教育家夸美纽斯在他的《大教育论》中强调"为生存而学习"。马克思、恩格斯认为,"教育会产生劳动能力",并提出在合理的社会制度下,劳动已经不仅仅是谋生的手段,而且本身成了生活的第一需要。

　　陶行知先生创造性地发展了杜威实用主义教育理论,提出并科学实践了一系列生活教育理论,如"生存即教育"理论、"教学合一"理论和"社会即教育"理论等。这些都足以说明,古往今来,无论是发达国家还是发展中国家,都强调把加强劳动技术素养教育作为教育改革的重点。"劳动素养"

一词最早见于苏联教育家苏霍姆林斯基的理论。在他的观点中，提高人的劳动素养是劳动教育的终极目标。劳动素养是指处于社会实践活动中实践主体在具备一定认知和劳动技能基础上开展的能展现劳动意识、精神、能力等优良品质集合的实践活动。换句话说，劳动素养并不是与生俱来的一种素质，而是在一次次的劳动和实践活动中，在获得劳动体验和劳动技能、形成正确的劳动价值观、养成良好的劳动品质和习惯的过程中日久天长积淀下来的，也就是后天获得的。

劳动素养包含以下一系列的劳动意识和行为，即劳动意识、劳动品质、劳动精神、劳动习惯、劳动态度、技术技能、劳动实践和创新精神等。比如我们经常会说某个人具有"劳动素养"，实际上是指这个人具有"良好的或者优秀的"劳动素养。一个有良好的劳动素养的人，一方面对于劳动的价值有正确的认识和积极的态度，另一方面也要了解和掌握劳动的理论知识与劳动的实践策略，同时具备良好的劳动习惯。故可以理解成，广义的"劳动素养"包含了"劳动价值观"，而狭义的劳动素养则专门指与劳动有关的知识、习惯和技能等。对在校大学生这个群体而言，该群体的劳动素养是指大学生除了要掌握扎实的专业知识，同时还应具备积极主动的劳动意识，另外还须具有热爱劳动的心态和懂得尊重他人劳动成果的意识，不仅要能够扎实开展学习、生活和工作中的脑力与体力实践活动，而且能够根据条件变化创造性地开展各项活动。

回顾历史上那些优秀的马克思主义者，他们都有共同的特征，即都具备良好的劳动素养。正是各种各样的劳动实践使他们具备了健康的体魄和良好的心态，从而能够进行社会主义事业的理论创作和实践活动，为人类社会的发展做出了不朽的贡献。比如恩格斯青年时代参军入伍，这段经历为他以后领导革命活动奠定了坚实的基础。恩格斯花了近2年的时间，深入英国曼彻斯特工人住宅区调查工人阶级的生活状况以及劳动状况，随后又通过整理这些收集的材料写成了著名的《英国工人阶级状况》。恩格斯家境并不差，他甘愿放弃优越的生活条件而积极主动地投身到无产阶级和全人类解放的事业中，是因为他怀着对广大无产阶级的深厚情感、对劳动人民的深深同情，所以他无怨无悔地做出了这样的选择。邓小平曾经说过："为了创造社会主义的幸福生活，没有极艰苦的劳动，是不可能的。我们要参加劳动，特别要积极参加工农业生产的体力劳动，因为体力劳动是社会存在和发展的基础，是最大多数人民都要负担的光荣义务。"习近平总书记在陕北梁家河的七年知青岁月里，在艰苦的环境下，克服困难，带领人民群众建沼气池、修堤坝，踏踏实实参加繁重的体力劳动。梁家河的劳动实践对于习近平总书记一生治国理政理念的形成有重要影响，这种身体力行的精神更是当代大学生学习的榜样。

云南省将劳动素养纳入学生综合素质评价体系

（1）塑造正确的劳动价值观

劳动素养的培育核心，就是要塑造正确的劳动价值观。马克思认为，劳动不仅是谋生的手段，更是通向客观世界与主观世界的媒介，也是实现人性至美至善、彻底自由的必由之路。可以理解为，劳动在本质上关乎人的自由，它既是人类社会形成的决定性因素之一，也是人类生存与发展的基础。劳动价值观包含了人们对劳动本身的观念评价，以及对劳动与自身交互关系的认识。从劳动创造价值来考虑，价值体现的是凝结在商品中的无差别的人类劳动，而劳动作为一切价值的创造者，创造了人类文明和财富。从劳动自身价值来说，劳动是人们生存与发展的根本方式，劳动自由在本质上就是每个人全面发展的自由，人们关注劳动本身，能在劳动过程中感受身心愉悦、感知自我存在，最终实现人生价值。

劳动价值观是劳动素养的核心导向。只有把劳动视作创造价值以及获得幸福的源泉，并且充分体验和认识到劳动是人类的本质活动，才会尊重一切劳动，珍惜所有的劳动成果，积极地参与到劳动中，创造劳动价值，最终成为劳动精神的践行者。因此，树立正确的劳动价值观，对形成劳动意识、培养劳动情感、提高劳动能力等起着积极的推动作用。

（2）树立科学的劳动意识

劳动意识，指的是劳动者在与劳动对象相互作用与联系的过程中产生的主观意识反映，包括劳动者具有的科学合理的劳动观念、积极投身于劳动的意愿、在劳动过程中获得尊严和幸福的思想态度以及由此养成的劳动习惯和劳动自觉性等。科学合理的劳动观念是在正确的劳动价值观引领下形成的，需要在理解劳动价值体系的基础上，构建劳动光荣、劳动伟大和劳动美丽的思想观念，摒弃把劳动视作负担的错误思想，转变轻视体力劳动或者鄙弃体力劳动的异化价值观念，才能形成尊重劳动的良好意识观念。

劳动意识是形成劳动素养的观念基础，是劳动行为的思想前提，在一定程度上决定了劳动者的行为目标。构建科学的劳动意识，有利于挖掘蕴藏于劳动中的伟大意义与价值，只有把握好劳动的客观规律，充分发挥劳动意识的能动作用，才能使个人与集体积极投身于劳动实践，不断创造劳动价值。

（3）培养积极的劳动情感

英国设计师威廉·莫里斯提出了"劳动的愉悦"思想，他指出了劳动情感在劳动创作中的重要作用与地位。劳动情感是劳动自由与解放的基础，是展开劳动行为的动力指向。在劳动创造价值的过程中，劳动的情绪和情感效应将会直接影响劳动成果的品质。劳动情感不但包含了体验劳动过程产生的愉悦感以及奉献他人与社会的情感，还蕴含了对劳动本身、劳动人民的尊重以及对劳动成果的珍惜。一方面，劳动情感指劳动个体对劳动行为的积极态度；另一方面，劳动情感还体现为社会或他人对劳动者的劳动期待，它突出了集体意识、爱国主义等情感导向。

劳动情感是培养劳动素养的动力保障。劳动情感是从感性角度把握、感悟劳动行为与劳动目的，以理性思维和感性体验服务劳动，对劳动核心素养的形成与发展起着关键作用。古往今来，只有热爱劳动和具有劳动情感的人，才能在劳动中做出伟大的成就。劳动情感是把一定的劳动认知转化为劳动行为的动力源泉，因而在以愉悦、热爱和奉献为主的正向劳动情感的推动激励下，人们才能以更积极的态度投身于劳动创造中。因此，劳动情感既是正确的劳动价值观和劳动意识融入劳动过程的综合反映，也为培养艰苦奋斗的劳动意志铺垫了能量之路。

（4）磨炼劳动意志

劳动创造文明、创造财富，但这一创造过程是无比艰辛且曲折的，需要劳动者拥有艰苦奋斗、顽强不息的劳动意志。涅克拉索夫认为："人的意志和劳动将创造奇迹般的奇迹。"劳动意志的塑造，对艰苦的劳动实践具有精神引领和鼓动作用。

劳动意志是劳动者在劳动过程中自主确定劳动目标，根据劳动目标调节并支配自身劳动的行为、克服劳动过程中的困难、实现既定劳动目标的心理倾向，是劳动主体所建构的劳动意识能动性的集中反映，也是劳动情感的深化。锻炼劳动意志，能为巩固劳动意识、培养劳动情感提供有效途径。

劳动意志是培养劳动素养的精神引领。从更高层次来说，劳动意志是一种特殊的劳动精神，表现为斗争与奋进，是劳动行为的潜意识驱动力，为长期艰苦劳动创造精神食粮。在劳动过程中，只有依靠不畏艰苦、积极奋斗的意志，才能刻苦钻研、不断前行，最终突破自我，成就伟大劳动价值。

《习近平的七年知青岁月》选载

（5）培养劳动能力

劳动意识、劳动情感和劳动意志是劳动的心理活动过程；而劳动能力则是劳动者劳动素养的外在表现，是劳动者进行劳动生产活动的具体能力体现（图3-1）。劳动行为是否能够落实以及劳动贡献有多大，在很大程度上取决于劳动者劳动能力的高低。因此，劳动能力是劳动者实践、发展和创造的重要保障，劳动能力在劳动实践中的不断形成、发展与提高，为更高层次的劳动提供了可能。

图 3-1
培养多种劳动能力

培养劳动能力，是强化劳动认同、内化劳动情感的有效途径。劳动能力所决定的劳动结果，对劳动心理具有反哺作用，是通过劳动实现自我价值的过程，能不断丰富劳动情感、劳动态度和劳动价值观。劳动能力可分为一般劳动能力、职业劳动能力和劳动创造能力。一般劳动能力是指劳动者具有为自己、他人服务的简单体力及脑力劳动能力；职业劳动能力是指通过劳动学习，劳动者具备的专业性劳动技能，以及进行职业岗位践行的能力；劳动创造能力则是指劳动者具备开拓创新、创造发展的意识与能力，是产生创造性劳动的前提，是劳动创造价值的实践要求。

劳动能力是劳动素养发展的关键。劳动能力是从理论到实践，实现劳动目的的行动基础，即完成劳动活动、创造劳动成果所必备的实践条件。在劳动中所展现出的以劳动能力为核心的劳动综合素质，是实现有效劳动的机能导向。劳动能力影响劳动效率与劳动贡献，只有不断提升个体与集体的劳动能力，才能培养个性化的创新人才，促进个人、社会和国家的共同进步与发展。

想 一 想

你能区分一般劳动和职业劳动吗？请对这两种劳动分别举例说明。

_____

_____

_____

2. 涵养劳动情怀

劳动情怀主要是指实践主体在劳动过程中所具备的正确的劳动价值观和积极的劳动精神，具体包括崇尚劳动、尊重劳动、热爱劳动、赞美劳动和创造劳动，懂得劳动最光荣、劳动最崇高、劳动最伟大、劳动最美丽的道理。职业院校的劳动教育可以从以下几个方面来加强对学生劳动情怀的培养。

（1）加强劳动理论教育

随着科学技术的发展，高校教育的方式和途径更加多样，但最核心的形式依然是课堂教学。因此，高校要优化课程设置，充分发挥课堂主渠道、主阵地作用，系统性地开展劳动教育。一是利用课程教学，即开设劳动教育课，通过劳动课程引导学生热爱劳动、勤于劳动、积极主动参与劳动，培养学生树立正确的劳动观。二是借助思政教育，即通过思政课程教学加强学生劳动教育，引导学生真正理解劳动是中华民族传统美德的意义，领悟"幸福都是奋斗出来的"的含义，帮助学生养成尊重劳动的崇高情感。三是发挥专业课程优势，在专业课中有机融入劳动教育元素，对学生进行观念上的引导，引起学生情感和思想上的共鸣。四是依托大学生职业生涯规划与就业指导课程，在该课程中增设劳动理念教学内容，把劳动精神、劳模精神、工匠精神和艰苦奋斗精神的教育融入其中，教育引导学生到基层去、到西部去、到脱贫攻坚一线去。通过劳动课教学，帮助大学生扭转对劳动的偏误观念，理性看待体力劳动与脑力劳动的区别和联系，最终形成对劳动的正确认识，培养积极的劳动情怀。

（2）强化劳动实践锻炼

劳动是具体实践的过程，因此劳动教育需要将课堂教育与课外实践有机统一。加强实践活动的体验，通过开展形式多样的劳动实践，让学生切实感悟到劳动所带来的获得感和成就感。组织校外劳动实践，如志愿者服务（图 3-2）、公益活动以及各种社会实践，让学生发挥专业所长，在奉献社会的实践过程中增强与劳动人民的接触，加强对劳动人民的认识，培养热爱劳动人民的情感。总之，劳动实践能够使学生充分感受劳动过程的乐趣，享受劳动成果的喜悦，帮助学生养成吃苦耐劳的品质以及独立担当的品格，进而形成尊重劳动、热爱劳动的真挚情感。

图 3-2
志愿者服务

🔍 案例品读

2019 年 12 月 11 日，共青团中央下发通报，对在 2019 年全国大中专学生志愿者暑期"三下乡"社会实践中表现突出的集体和个人进行通报嘉奖。云南交通职业技术学院按照相关要求对 2019 年"三下乡"社会实践工作进行总结并形成材料上报，经共青团云南省委审核推荐、共青团中央组织评议等环节，最终从众多参选单位中脱颖而出，跻身全国 300 家优秀单位行列。

该院深入贯彻共青团云南省委《关于开展 2019 年全省大中专学生志愿者暑期文化科技卫生"三下乡"社会实践活动的通知》和中共云南省委高校工委、云南省教育厅、共青团云南省委《关于组织开展推广国家通用语言文字主题社会实践活动的通知》要求，成立社会实践育人领导工作小组，构建"3333"社会实践育人体系，扩大实践育人有效覆盖面，着力打造"三下乡"品牌项目，选派经济管理学院、公路学院、交通运输与物流工程学院、汽车学院、艺术设计学院五支志愿团队利用暑期深入云南省边疆少数民族贫困地区临沧市双江县千蚌忙品村、公很社区、忙开村、那洛村、允俸村、那京村6个乡村开展"推广国家通用语言文字、教育关爱团、历史观察团、禁毒防艾宣传、交通安全宣传"主题志愿服务，累计服务600人次以上。

（资料来源：未来网高校，有删改）

想一想

结合自身所学专业知识，谈谈如何践行"知行合一"，助力乡村振兴。

_____

_____

_____

青春筑梦心向党
乡村振兴逐西行

（3）注重劳动价值引导

新时代对劳动教育越来越重视，构建德智体美劳"五育并举"的全新教育体系，意味着劳动教育不能仅是劳动知识和技能的传授，更重要的是劳动观念和态度的培养，因此，在进行劳动实践锻炼时，应特别关注其教育属性。要明确劳动实践不是最终目的，而是一种教学手段，劳动教育不仅是传授学生劳动的知识和技能，还涉及价值观的培养，在整个育人过程中，在学生日常行为习惯的养成中培养其劳动意识、基本生存能力和责任担当意识，为国家、民族和社会培养有用之才。通过劳动教育，加强学生对劳动的认识，改变学生对劳动的态度，培养学生对劳动的情感，最终树立崇尚劳动、热爱劳动的价值观。

（4）营造劳动校园文化

校园文化对大学生的思想观念、价值取向和行为方式具有潜移默化的影响。高校应加强劳动育人校园文化建设，大力弘扬劳动精神、劳模精神、工匠精神，实现劳动教育与校园文化建设有机融合。一是要重视榜样的力量，通过校园多媒体、宣传栏等途径宣传劳动模范和工匠的先进事迹，让学生能够近距离接触劳动模范，聆听劳模故事，感受榜样的力量，从而引导广大学生崇敬劳模、学习劳模。二是要发挥朋辈效应的作用，通过开展与劳动相关的辩论赛、情景剧大赛、征文比赛等活动，引导学生主动探索和反思劳动的意义和价值。通过大力宣扬劳动的价值，营造劳动光荣的校园文化氛围，让劳动思想和劳动文化深入人心，引导大学生热爱劳动、崇尚劳动，积极提高劳动素养，成为劳动情怀浓厚、劳动技能突出的高素质大学生。

想 一 想

你知道哪些劳动模范的先进事迹？从他（她）们的事迹中，你获得了什么启发？

任务二 注重劳动习得

通过实践活动，并且在实践中探索，才能体验到动手劳动收获的满足感和快乐感，进一步激发实践个体的劳动热情，也能提高实践个体吃苦耐劳的能力。

1. 培养劳动技能

劳动技能作为劳动素养的重要组成部分，是劳动素养的外在体现。在劳动教育实践中，学生虽然在一定程度上掌握了劳动技能，但往往存在知其然而不知其所以然的情况，即劳动技能掌握不扎实。因此，在劳动实践中应当重视理论联系实践。当前国家大力倡导"大众创业、万众创新"，有些学生在思路还不清晰的情况下，仅凭一腔热血就去创业，不仅容易创业失败，自信心也会遭受打击，这主要是学生缺乏实践锻炼，把劳动看得过于简单，眼高手低所致。

（1）深刻领会马克思主义劳动理论

理论联系实际是我们党的三大优良作风之一，是我们党领导人民不断取得革命、建设和改革胜利的重要保证。其中理论学习是前提，联系实际是重点，二者不可偏废。因此，加强大学生劳动教育，首先要加强马克思主义劳动理论的学习，深刻理解和领会马克思主义关于劳动创造人、劳动促进人的全面发展的观点，努力提高学生参加劳动实践、接受劳动锻炼的自觉性和主动性。

（2）在劳动过程中训练劳动技能

大学生要在自己的生活实践中体会劳动素养提升与自身健康成长和全面发展的内在联系，主动参加学校组织的劳动教育和各种劳动锻炼，并积极寻找社会实践、勤工助学、公益活动、校外实习实践、假期兼职等劳动机会，在劳动过程中不断地训练劳动技能，形成热爱劳动的良好品德，锻炼吃苦耐劳的意志品质，全面提高劳动素养。

2. 生活中融入劳动教育

学校、家庭和社会作为劳动教育的三条主要实施渠道，三者紧密结合，合力育人，形成"学校—家庭—社会"三位一体育人机制，将劳动教育融入日常生活中。

练 一 练

请选择一项你不太擅长的日常劳动，通过学习和练习，掌握这项劳动技能，提高你的劳动能力。

_____

_____

_____

（1）规范化的学校劳动教育

高校要紧紧围绕"立德树人"根本任务，在劳动育人体系的指导下，不断提升劳动教育的认知水平，构建形式多样的、契合学生成长规律的劳动素养培育方案和实施路径。首先，通过完善劳动教育的课程教学体系，增强理论课教学亲和力，提升课程教学效率。其次，需要解放思想，丰富劳动素养培育的方式方法，扩大学生对劳动认知的维度，培养其形成完整的劳动认知体系。

（2）日常化的家庭劳动教育

要改善家庭教育中劳动素养培育缺位的问题，提高劳动教育认知，加大家庭教育中劳动素养培育的比例，不断提升学生劳动素养的养成效果。家庭要在日常生活中培育勤劳家风、培养孩子热爱劳动的习惯。要克服溺爱和过度保护的倾向，在孩子的成长过程中，安排与其年龄特点和身心发展水平相适应的劳动任务，通过日常劳动锻炼，使其劳动观念和劳动技能随着年龄的增长而提高。

（3）多样化的社会劳动教育

社会应当在弘扬劳动价值、提升劳动认知上，为劳动素养的培育营造良好的社会氛围，并逐步建立规范的社会劳动支撑体系。首先要完善法律和制度，保障劳动者的合法权益。广大的普通劳动者有尊严感和自豪感，才能吸引千千万万大学生自觉加入劳动者的队伍。其次要坚持正确舆论导向，积极弘扬主旋律，传递正能量，营造劳动光荣、创造伟大的思想文化氛围。

3. 养成良好的劳动习惯和品质

（1）科学正确的劳动认知

马克思曾经提出，劳动之所以对人来说特别重要，主要在于劳动能满足人的三个方面的需要，即生存的需要、发展的需要和享受的需要。对劳动满足人的前两个方面的需要，人们一般是很容易理解的，人的基本生活资料是依靠劳动来造就的，无论是人的体力的发展，还是人的智力的发展，都是在劳动的过程中实现的。就第三个方面而言，按照马克思的说法，在其对象化的劳动实践中，劳动实现和确证了人的内在力量和主体性。而正是因为在实现和确证自己的内在力量和主体性的过程中，人获得了真正的满足和享受。正确地认识劳动是养成良好劳动习惯的前提。科学正确的劳动认知需要坚持脑力劳动认知和体力劳动认知相统一的原则，这样不仅能升华劳动情感，而且对实现劳动自觉、劳动价值和劳动信仰具有积极的促进作用。

（2）涵养劳动品质

中共中央、国务院印发的《关于全面加强新时代大中小学劳动教育的意见》指出："实施劳动教育重点是在系统的文化知识学习之外，有目的、有计划地组织学生参加日常生活劳动、生产劳动和服务性劳动，让学生动手实践、出力流汗，接受锻炼、磨炼意志，培养学生正确劳动价值观和良好劳动品质。"形成和提升劳动素养的道路不会一帆风顺，会遇到各种各样的困难甚至阻力，我们要正确选择劳动目标并评估劳动成果，同时，良好的劳动品质也会帮助我们获得成功。诚实劳动、辛勤劳动和创造性劳动是劳动品质的重要内涵。

📖 案例品读

全国交通运输职业院校"劳模工匠进校园"活动

15 场报告会，46 名全国劳模、工匠大师走进校园，宣讲覆盖近 4 万名交通运输职业院校师生。这组数据是 2018 年全国交通运输职业院校"劳模工匠进校园"第一轮报告会取得成果的缩影。

从 2018 年新学年开始，在教育部职业教育与成人教育司、交通运输部人事教育司共同指导下，全国交通运输职业教育教学指导委员会（简称交通行指委）启动以"弘扬劳模工匠精神 争做交通技术能手"为主题的"劳模工匠进校园"活动，并由交通行指委思想政治工作指导委员会（简称交通思指委）具体筹办。

近 4 个月时间里，来自行业内外的劳动模范、道德模范、工匠大师、世界技能大赛获奖选手和全国交通运输行业职业技能大赛一等奖选手等，走进交通运输职业院校，与广大师生面对面交流。劳动模范、工匠人才在社会主义核心价值观教育中的资源优势和示范作用进一步彰显。

在 46 名报告团成员中，绝大部分是各院校的毕业生。陈刚毅、魏俊强、杨金龙、蒋应成……一位位耳熟能详的劳动模范、工匠大师作报告，让同学们倍感亲切。

"请学生心目中的榜样讲故事，宣传身边的人、讲身边的故事，有利于在交通运输职业教育领域营造劳动光荣的社会风尚和精益求精的敬业风气，打造新时代的工匠精神。"四川交通职业技术学院党委书记、交通思指委主任委员王东平说。

"我的经历和体会可以概括为'快乐在岗位上，生命在事业中'，就是把个人成长融入行业发展，通过事业的发展实现人生的价值。"陈刚毅勉励学生们，对待个人学习和成长，要明确"一路"，即人生道路；坚定"两心"，即信心、恒心；增强"三感"，即自豪感、幸福感、使命感；做好"三件事"，即勤于学习、善于思考、勇于实践。

全国劳动模范蔡向阳讲述了自己从普通技术员做起，参与长沙湘江北大桥、南昌新八一大桥等多座桥梁和汝郴、衡炎等多个高速公路项目建设的奋斗经历。港珠澳大桥建设者罗锦鸿分享了他在港珠澳大桥建设中恪尽职守、精益求精的奋斗过程。

世界技能大赛金牌获得者杨金龙讲述了自己从一名学生，一步步走向世界技能大赛喷漆项目世界冠军的奋斗经历，分享了他对于工匠精神的理解：顽强拼搏，坚持到底，注重团队合作，加强技术交流，追求精益求精。

一场场感人至深的报告，一个个求学求艺、技能锤炼、拼搏奉献的故事，一次次中华传统美德、劳模精神、工匠精神的诠释，使广大青年学子坚定了理想信念，增强了职业认同，树立了职业信心，提升了职业素养。

谈到"劳模工匠进校园"活动取得的突出成果，交通运输部人事教育司副司长、交通行指委主任委员时骏表示，此举全面推进了劳模精神和工匠精神在交通运输职业教育落地生根，进一步引导广大学生敬业乐业、努力学习、刻苦钻研、勇于超越；学生们深刻认识到劳模精神和工匠精神对提升自身职业能力的巨大作用，"劳动光荣""精益求精"内化于心、外化于行，于润物无声中涵养了交通运输劳模工匠精神。

（资料来源：中国交通新闻网，有删改）

想 一 想

通过以上案例，谈谈你如何理解"坚守平凡岗位，成就大国工匠"这句话？

_____

_____

_____

劳动教育应注重培养学生的实践动手能力，提倡"做中学"和"学中做"，遵循脑力劳动与体力劳动相结合的原则，因此，在引导学生学习知识和学会劳动技能的同时，还应积极探索适应大学生认知发展规律的劳动，让他们真正参与到劳动中，而不是停留在理论上。

想一想

深入劳动体验的途径有哪些？

_____

_____

_____

（1）国防教育训练

古人有云：一屋不扫，何以扫天下。对学生的劳动教育不能只注重理论，更要重视实践活动。学校的教育担负着传授科学文化知识、为社会主义现代化建设培养各类专业型技能人才的重要任务。要完成这个任务，需要通过多种途径来实现，而学生所接受的国防教育训练就是为培养合格人才所采取的一项重要措施。

国防教育所依托的学科体系是军事科学。现代军事科学是一门知识范围广、内容丰富的综合性学科。军事斗争的残酷性和复杂性，孕育了军事思维的创造性特点。而创造性思维正是创新意识和创新能力的源泉和动力。学习军事科学，不仅能开阔视野、扩大知识面，而且还有助于打破思维定势，拓展思维空间，进一步提高创造力和综合思维能力，促进智育的全面发展。以军事训练和军事理论教育为主要内容的国防教育具有其他学科所无法替代的重要作用。军事教育与普通教育、高等教育最大的不同点是，前者对学生的培养过程强调自觉性和强制性的辩证统一。它既激发学生的学习动机，调动学生的积极性，启发其自觉性，又靠强制的力量，达到教育训练的标准，实现教育训练的目标。军事教育要求从难从严从实战要求出发进行训练。这种强制性，有利于在艰苦条件下磨炼自己，树立正确的苦乐观，从而有效地培养百折不挠的意志、坚韧不拔的毅力和不畏艰难的吃苦精神。可以说，大学生接受国防教育训练是全面推进素质教育过程中不可替代的重要环节。某高职院校武装部每年组织一批退伍复学学生和优秀大学生组成大学生自律委员会（图 3-3），在平时负责管理学生（如监督检查学生早操），在军训期间则承担新生的军训工作，很好地实现了学生的自我管理与服务。

图 3-3
学院大学生自律委员会国旗护卫队

（2）职业体验

在校大学生接触的圈子有限，对社会上的就业情况了解不多，可以通过兼职、实习等方式体验真实的职场，这样既可以明晰自身的职业规划，也可以更多地结交一些职场人士。知己知彼后，你对哪些工作感兴趣，哪些工作你是可以做的，你想要做什么，这些问题的答案才会慢慢清晰起来。

对于大学生而言，第一份工作大多是从兴趣或能力出发而做出的选择。如果从兴趣出发，职业体验过程中发现能力有所欠缺，就要抓紧时间提升专业能力，比如通过参加一些培训或其他突击的方式来巩固知识水平。如果从能力出发做出了选择，可能这份工作你并不感兴趣，但初入职场，更重要的是先解决自己的生存问题，然后再逐步发掘工作的乐趣。想要找到一份在兴趣、能力和价值上都与自己匹配的工作并不容易，所以需要我们在不断发展中慢慢自我调适。学生在职业体验的过程中不妨从一个匹配点出发，在工作的过程中不断明晰自己的职业道路，做好职业规划。

（3）社会实践

社会实践与劳动教育既有重大区别，同时又紧密联系。两者在教育中的定位、实施内容和地位等方面有较大差别，但是又都以价值体认作为核心内容。劳动教育的落实离不开社会实践活动，社会实践的基本活动能够丰富劳动教育的内容。

社会实践是大学生走向社会和了解社会的一个很重要的锻炼环节，也是教育与实践相结合的具体体现。大学生要适应新时代的发展要求，不仅要具备丰富的专业知识和高超的业务水平，更必须具备一定的综合素质。大学生参加社会实践活动是课堂教育的延续，社会实践作为教育教学内容的重要组成部分，是巩固所学知识、吸收新知识、发展智能的重要途径。它不受教学大纲的限制，大学生可以在社会实践中自由驰骋，发挥自己的才能，开创自己的基业，充分利用在校期间的有利条件，学好和掌握科技知识，在社会实践中磨炼自己，真正锻炼和提高自己的实际工作能力和适应能力。

因此，在社会实践中，需要摆正劳动教育与社会实践的关系，既不能用社会实践活动来掩盖劳动教育，也不能用劳动教育取代社会实践活动，两者是相互融合的，应统筹设计，整合实施。

（4）实习实践

相较于社会实践而言，实习实践的目标则更加明确和具体，即根据工作内容和工作的情况对所学知识进行检验，实现知识的不断更新；检验自己的兴趣爱好，对自己所选择的专业和将来的职业进行了解和重新审视，为自己将来的职业发展方向提前做好准备。

顶岗实习，让青涩学子成为合格职业人

实习实践除了具有和社会实践类似的作用外，还能让学生在真实的社会环境中锻炼人际交往能力，积累社会经验，掌握和同事、上级沟通交往的方法。实习实践作为高职院校学生进行劳动教育的主要渠道和载体，应在推进过程中加强劳动精神、劳模精神和工匠精神的教育，增强学生诚实劳动意识，培养大学生的奋斗精神和奉献精神，结合专业知识积极开展专业服务、勤工助学等活动，提升创造性解决实际问题的能力，从而提升大学生就业创业能力。例如某高职院校汽车学院结合专业特色，与长安福特汽车有限公司开展校企合作，学生通过使用长安福特汽车进行实训，理实结合，定向为企业培养技术技能人才（图3-4）。

图 3-4
汽车专业学生进行检修实训

案例品读

郑州铁路职业技术学院：
寻访铁路红色基因　讲好中原铁路故事

2020 年，郑州铁路职业技术学院"中原铁路红色基因"青春寻访队的大学生们，从"中共洛阳组"出发，瞻仰二七纪念塔，寻访"第一速"精神，打卡郑欧班列……在团干部和思政课教师的带领下，顺着中原铁道线，寻访铁路红色基因，一路讲出河南铁路"好故事"。

挖掘中原铁路红色资源，串点成线，绘制寻访"线路图"

中国铁路的革命发展历史，就是中华民族的复兴史。中国铁路具有深刻的红色基因，中原铁路有着悠久的革命传统。建党初期，中原铁路人成立了河南省第一家党组织——中共洛阳组；革命战争年代，铁路职工组织"二七"大罢工，用鲜血铸就了"二七精神"；新中国诞生后，中原铁路人投身祖国建设，形成了"驼峰精神"；改革开放后，在铁路的跨越式发展中，河南铁路人凝聚了"第一速精神"；进入新时代，河南铁路人以"交通强国，铁路先行"为使命担当，在"一带一路"建设中改革创新，推动铁路事业实现历史性突破。

郑州铁路职业技术学院根据青年学生的特点，将中原铁路红色资源串点成线，凝练出 10 个红色寻访地，形成了一条沿着铁道开展实践育人的"线路图"。

讲好铁路红色故事，寻访思讲，打造多彩实践课堂

"从蒸汽机车到高铁动车，从'中原之星'到'六次大提速'，没有万千铁路人的艰苦奋斗，就没有现在的中国速度……我们铁路人就不能怕吃苦！"原郑州铁路局局长徐宜发深情地给寻访的师生讲述。

今年暑期，郑州铁路职业技术学院 20 余人的"传承铁路革命基因"青春寻访队出发了。这支由团干部和思政课教师联手指导，以学校"好道理"宣讲团的优秀大学生为主体组成的队伍，紧扣"寻革命初心，讲奋斗故事，做时代新人"的主题，使每一次寻访都成为一次优秀的实践育人课堂。

传承铁路红色基因，做新时代铁军，助力中原出彩

"为什么郑州叫作'火车拉来的城市'呢？这是一张 1904 年郑州火车站的照片，这是一张 2020 郑州东站的图片，这是郑州建设国际性综合交通枢纽的蓝图，这是河南米字型高铁的规划……我们既要做新时代铁路学子，又要争做出彩河南人。"2020 年 9 月，"好道理"宣讲团的成员张祥瑞寻访归来，就走进团课教室，宣讲河南铁路的红色故事。

将寻访成果转化为思想教育的资源，将中原铁路红色基因作为学校育人的重要内容，是寻访团的下一步工作。寻访活动的负责人高文天老师说："我认为，中原铁路红色基因所体现的'追求真理、爱国主义、艰苦奋斗、人民立场'的精神实质，同省委书记王国生对青年学子提出的'爱党爱国爱人民爱家乡'是统一的。我们要进一步整理中原铁路红色资源，讲好河南铁路红色

故事，传承好中原铁路红色基因。培养大学生的家国情怀、家乡情感，为交通强国等国家战略在河南的实现贡献力量。"

走下课堂，一名同学说："作为一个河南人，我第一次知道河南铁路的革命历史和中原铁路人艰苦奋斗的伟大事迹，很受触动。时代的接力棒已经传递到我们手中，我们要勤奋学习、锤炼本领，为交通强国建设努力奋斗。"

（资料来源：新浪河南，有删改）

想 一 想

结合你的专业知识，思考如何在党史学习中融入专业特长，利用专业技能助力家乡振兴。

_____

_____

_____

课 业 实 操

实操 1：以小组为单位，每组 5~7 人，对《大国工匠》系列节目所讲述的不同岗位劳动者的故事进行分析，概括总结他们成功的关键因素有哪些。

_____

_____

_____

实操 2：以小组为单位，每组 5~7 人，讨论如何在日常的学习和生活中养成良好的劳动习惯。

_____

_____

_____

实操 3：以小组为单位，每组 5~7 人，讨论从中原铁路人身上你学到了哪些优秀的劳动品质。

_____

_____

_____

— 课 业 评 价 —

评价项目	课业是否完成 （40分）	课业完成质量 （60分）	考评成绩 （100分）
评价分值		实操 1（20分）	
		实操 2（20分）	
		实操 3（20分）	

锤炼劳动本领

我们世界上最美好的东西,都是由劳动、由人的聪明的手创造出来的。

——马克西姆·高尔基

能力目标

具备胜任劳动应有的相关知识、技能及周密计划的能力

掌握创造性劳动的方法与策略

能结合自身情况开展合作性劳动

素养目标

能深刻理解创造性劳动的内涵与价值

具有合作意识与合作精神

具有创造性劳动思维和意识

任务描述

亲爱的同学,请构想一项你自身缺乏但又很想具备的劳动技能,结合实例,运用科学方法,创造性、合作性地锻炼该项劳动技能。

任务导入

一个人只有具备一定的劳动能力,才有可能完成某一项具体劳动。只要是劳动,哪怕是最简单的劳动,比如大扫除等家务劳动,都需要具备正确使用各种劳动工具的能力、科学合理地安排劳动顺序以提高劳动效率的能力、与人分工协作共同完成任务的能力等。随着科学技术在生产、生活中日益广泛而深入的应用,劳动的专业性越来越强,许多生产性、服务性劳动已经有了非常专业的要求,劳动者只有通过深入学习理论和反复训练技能,才能胜任这些复杂劳动。

劳动能力是指从事劳动所必需的体力和脑力等基本生理和心理条件与知识。劳动的专业能力从广义上来讲，指从事某一项具体劳动所要具备的知识、技能和素质；从狭义上来讲，劳动的专业能力就是指从事某一职业的专业能力，包括专业知识和专业技能，通常体现为任职资格。

1. 认识劳动能力

能力是多维度的，可以从不同的角度来认识：一是从能力的基础看，能力是人的综合素质在实践中的外化表现，具有显现性；二是从能力的内容看，能力主要包括潜能、体力、智力、意志力、实践能力（含专业技能）和道德力，具有全面性；三是从能力的水平看，能力是指人驾驭各种活动的本领大小和熟练程度，具有可测性；四是从能力发挥的合理性看，能力是受道德和理性引导的，具有受动性和方向性；五是从能力发挥的效果看，能力是指人的实际工作表现及其所达到的实际成效，具有功能性；六是从能力发挥的载体看，能力是人在现实活动中表现出来的实际能量，具有经验观察性和可确证性；七是从能力发挥的价值看，能力是实现人的价值的一种方式，具有本位性；八是从能力发挥的作用看，能力是左右社会发展和人生命运的一种积极力量，具有主观能动性。简要言之，能力是人的综合素质在现实活动中表现出来的正确驾驭某种活动的实际本领和能量，是实现人的价值的一种有效方式，也是社会发展的积极力量。

劳动能力是人类进行劳动的能力，包括体力和脑力两个方面。劳动能力是劳动者依法行使劳动权利和履行劳动义务的能力，即法律上所指的劳动行为能力。劳动能力根据劳动行为的不同有很大的差异。根据所开展劳动专业程度的不同，劳动能力可分为：① 一般劳动能力，指日常生活所需要的劳动能力，包括为自己服务的穿衣、吃饭等和为他人服务的简单体力及脑力劳动能力；② 职业劳动能力，是指经过专业训练，具备专门知识的劳动能力（如工程师、教师所需具备的能力）；③ 专门劳动能力，是指那些专长性很强的职业能力（如建造师、安全评价师所需具备的能力）。可见，个体的劳动能力在具体的社会劳动实践中是通过其职业能力来判断的。

2. 认识职业能力

想 一 想

在你的认知中，哪些属于职业劳动能力？再结合你的专业写出属于你所学专业的专业劳动能力。

_____

_____

_____

职业能力是个体能够胜任一定工作角色所必需的知识、技能、判断力、态度和价值观等的整合，包括一般职业能力和专业劳动能力两部分。一般职业能力是适应各种职业都必须具备的能力，而专业劳动能力则因专业的不同差异较大。专业劳动能力在职业劳动中是不同职业劳动能力的具体呈现，每个职业都需要一定的或特殊的能力才能胜任，如教师要有专业授课能力，总经理要有协调管理能力，医生要有救死扶伤的专业能力，建造师要有专业建筑工程技术能力等。

3. 认识专业劳动能力

（1）专业劳动能力需要知识

随着人类社会生产力的不断发展，人类劳动分工也越来越细致，劳动越来越专业化。劳动专业化能带来更高的总产出，因为劳动者可以更熟练地完成某些加工任务，而且还能引入更专业化的机器设备来完成精度更高的工作。

现代的劳动工具十分复杂和智能，对人的劳动技能的要求也越来越高。比如我们日常使用的电动牙刷，包含了复杂的电子元器件。使用者除了要掌握正确的刷牙姿势，还需要掌握基本的充电技能和使用技巧。再如智能手机已经普及，但使用智能手机则需要使用者识别屏幕上的各种指示，能够使用各种应用等。

（2）专业劳动能力需要技能

有了知识不代表掌握了技能。在具体的劳动中，劳动者还需要掌握相应的劳动技能才能完成某项劳动。不管是普通劳动还是专业劳动，都需要经过专门练习和培训才能获得相应的劳动技能。工作中，各类技术岗位的专业劳动都需要依仗在长期的实践中习得的劳动技能才能胜任。

俗话说熟能生巧，劳动技能可以从无数次的实践中获得，但有效的、针对性强的培训可以使劳动技能获得的效率更高。例如学生叠被子一般需要数分钟，但经过学校军训的强化训练后，不到一分钟就能够完成，而且完成得更好。再如，学生经过一段时间的计算机培训，可以顺利通过计算机等级考试。同样地，当学生刚入社会，踏上工作岗位的时候，在经过职业培训之前通常难以满足流水线的生产效率要求，但通过分岗位、分技能的集体培训后，便能很快掌握工作要领，使生产效率迅速提升。

《中华人民共和国职业分类大典（2015版）》从我国经济社会发展现状出发，充分考虑各行业、各部门工作性质、技术特点的异同，全面、客观、如实、准确反映当前社会职业发展实际状况，划分了8个大类、75个中类和434个小类，共计1 481个职业。随着经济社会发展、科技进步，近年来产生了很多新职业，这些新产生的职业将被逐渐纳入分类大典，进一步健全完善符合中国国情的现代职业分类。不论从事哪种职业，都需要知识，不同的职业有不同的职业能力要求。新职业也带来新的劳动能力要求，需要就业者不断努力奋进，学习新知识，掌握新技能，面对新职业，不负时代。

"模具新秀" 李凯军

李凯军,中国第一汽车集团公司铸造公司模具钳工高级技师,全国五一劳动奖章、中华技能大奖获得者。1989 年 7 月,李凯军毕业于中国一汽技工学校维修钳工专业,被分配到一汽集团公司所属的铸造有限公司铸造模具厂当了一名模具制造钳工。从学校走进工厂,他把这重要的一步作为学习技能、苦练硬功的新起点。当时,他只有一个念头:学好本事,干好工作,做一名有出息的工人。

模具制造涉及车、钳、铣、刨、镗、电焊等技术,只有全面掌握了这些技术,工作起来才能融会贯通,得心应手。面对这么多要学的东西,他充分利用每一分钟的时间,一项一项地攻克,有关的书籍、资料,他学了一遍又一遍。他对自己的要求是:理论上要弄通,操作上要练精。

俗话说,功夫不负有心人。通过勤学苦练,李凯军的技术得到了全面提高。入厂仅 7 个月,他就独立完成了 CA141 发动机盖板模具的制造。这套模具技术要求高,尺寸误差小,就连一些干了几十年的老师傅都认为这是一项难干的活。当这件模具摆在质检员面前时,被定为一等品。他说"只有在技术上精益求精,扎实工作,爱岗敬业、制造出优质产品,才能为国家作出应有的贡献"。

(资料来源:中国劳动力市场信息网,有删改)

想 一 想

通过以上案例,结合你的专业,你打算如何提升自己的职业技能?

_____

_____

_____

科学的本质是创新，创新推动社会生产力的发展，推动生产关系和社会制度的变革，推动人类思维和文化的发展。创新劳动就是创造性地劳动。即通过人的脑力劳动萌发出技术、知识、思维的革新，从而高效提升劳动效率、产生出超值社会财富或成果的劳动。人类在劳动中不断开拓新的活动领域，不断冲破常规，不断捕捉新的机遇，不断进行创新和创造，推动人类社会不断进步。可以说，人类活动的新发现、新发明、新技术、新工艺，无一不是创造性劳动的结果。

改革开放 40 多年来，我国取得了众多举世瞩目的科技成果，不仅提升了我国的国际地位，也极大地改善了我们的生活。以高铁、移动支付、共享单车、网购为代表的一批新技术的出现和应用，是科技创新推动数字经济和实体经济快速发展、中国经济转型升级的生动注解。我国在智能终端、无人机、电子商务、云计算、互联网金融、人工智能等领域崛起了一批具有全球影响力的创新型企业。技术革新推动着劳动方式的变革，"中国创造"的基因、机制和动力正在形成。

想 一 想

你认为越来越多的"中国创造"对中国的发展有什么意义？

_____

_____

_____

"机器换人潮"：机器换人潮是指用机器人替代生产线上从事简单、重复、高强度劳动的工人的潮流。在人口红利逐渐消失、制造业成本飙升的压力下，采用机器人降低成本已是不少企业的选择。2011 年以来，机器换人在中国正在成为现实，东莞"无人工厂"、富士康机器换人上岗等新闻不断爆出。作为先进制造业中不可替代的重要装备和手段，工业机器人已经成为衡量一个国家制造业水平和科技水平的重要标志（图4-1）。

"中国高铁时代"：高铁时代，全称高速铁路时代，是指一个国家大面积建设高速铁路、大规模运营高速列车，以高速铁路交通系统作为核心运输方式的时代（图4-2）。一般认为，武广客运专线的竣工运营是中国正式迈入高铁时代的里程碑。"复兴号"高铁再次提速，时速350千米，从上海到北京只需4小时24分，让中国高铁成为世界最快速的列车，中国也成为全球高铁商业运营速度最快的国家。

图4-1
工业机器人

图4-2
高铁时代

"在线移动支付"：移动支付是将互联网、终端设备、金融机构有效联合起来，形成一个新型的支付体系，买卖双方通过因特网上的电子商务网站进行交易时，银行为其提供网上资金结算服务的一种业务。它为企业和个人提供了一个安全、快捷、方便的电子商务应用环境和网上资金结算工具。在线支付方式分为网银支付和第三方支付两种。网银支付是直接通过登录网上银行进行支付的方式；第三方支付是将网银中的钱充值到第三方，用户支付时通过第三方中的存款进行支付的方式。常用的第三方支付方式有支付宝、微信支付、财付通等。

1. 创新思维的本质

创新思维，是指以新颖独创的方法解决问题的思维过程，通过这种思维能突破常规思维的界限，以超常规甚至反常规的方法、视角去思考问题，提出与众不同的解决方案，从而产生新颖、独到、有社会意义的思维成果。简单来说，即用新的角度、新的思考方法来解决现有问题。

2. 创新思维是创造性劳动的前提

创新思维是重新组织已有的经验，提出新的方案或程序，并创造出新的思维成果的思维方式，是开展创造性劳动的重要前提。创新思维，是应用独特的、新颖的方式解决问题的一种思维活动，是人类思维的高级表现形式，我们可以把它理解为一个相对独立的认识阶段，也可理解为贯穿整个意识过程之中的思维形式。

（1）创新思维的特征

创新思维是一种具有开创意义的思维活动，即开拓人类认识新领域、开创人类认识新成果的思维活动。创造性思维是以感知、记忆、思考、联想、理解等能力为基础，以综合性、探索性和求新性为特征的高级心理活动，需要人们付出艰苦的脑力劳动。

从创新思维的定义中可以发现，创新思维具有独特性、变通性、综合性等特点。① 独特性是指创新思维具有前无古人的独到之处，在前人、常人的基础上有新的见解、新的发现、新的突破，从而具有一定范围内的首创性、开拓性。② 变通性是指创新思维可以突破现成的思维方法和程序，人可以自由地、海阔天空地发挥想象力。③ 综合性主要包括两个方面：一方面指创新思维是多种思维形态、多种思维方式、多种思维方法的综合利用；另一方面指创新思维所特有的综合辩证能力。

（2）创新思维的表现形式和方法

创新思维表现为思维形式突破常规，多角度、多侧面、多方向地看待和处理事物、问题的过程，具体表现为：抽象思维、形象思维、直觉思维、联想思维、发散思维、逆向思维和求异思维等。基于上述思维表现形式，美国创造学和创造工程之父亚历克斯·奥斯本在 1941 年出版的《创造性想象》一书中提出奥斯本检核表法，该法按照事物的 9 个方面依次提出设问，将设计的课题向 9 个方面进行发散，看能否提出创造性构想的方法，从而启发和拓展人们的思维，引导人们打破旧的思维框架，开拓创新思路。检核表法包括的 9 大问题是：有无其他用途、能否借用、能否改变、能否增加、能否减少、能否代用、能否重新调整、能否颠倒、能否组合。

3. 创新思维激发创造性劳动

创造性劳动是建立在开放性思维和挑战性实践的基础上，不断探索创新的过程。在创新思维的指导下，才有可能激发出人们的创造性劳动。我们要尊重劳动者的首创精神，在全社会形成劳动光荣、知识崇高、人才宝贵、创造伟大的价值导向，让一切劳动与创新的活力竞相迸发，让一切创造社会财富的源泉充分涌流。创造性劳动，是劳动教育体现时代特征的重要理念，是未来社会发展的关键。

港珠澳大桥岛隧工程总工程师——林鸣

2018 年 10 月 23 日，港珠澳大桥在广东省珠海市举行通车仪式。经过六年的准备和九年的建设，这条横跨伶仃洋、东接香港、西接珠海和澳门的海上"龙"终于腾飞了！从那以后，从香港到珠海和澳门的旅程从 3 小时直接缩短到 45 分钟左右。

全长 55 公里的港珠澳大桥由三部分组成：桥梁、人工岛和隧道。其中，岛隧工程是大桥的核心控制工程，需要修建两座面积各为 10 万平方米的人工岛和一条 6.7 公里长的海底沉管隧道，实现桥隧转换，也就是说，岛隧工程是大桥建设技术最复杂、建设难度最大的部分。2010 年 12 月，林鸣担任港珠澳大桥岛隧项目总经理兼总工程师，带领 3 000 多人挑战这个世界上最具挑战性的跨海项目。

要完成好这一举世瞩目的重任，就需要最专业、最前沿的工程知识与技术。而在当时，世界上只有极少数国家掌握外海沉管建设核心技术。港珠澳大桥建设之初，中国在此领域的技术积累几乎是空白的。工程筹备阶段，林鸣的团队掌握的全部建设经验资料只有一张 3 年前在网上公开发表的沉管隧道产品宣传页。没有任何先例可循，林鸣拿起这张宣传页，带领团队开启了这项世界级顶尖难度的技术攻关。林鸣说："即使我们的起步是 0，我们往前走一步就会变成 1。"

自港珠澳大桥项目建设以来，林鸣每年都会带领团队召开上千次讨论会议。在林鸣的带领下，世界级难题的解答思路逐步成熟、日益优化，一部代表世界工程顶级技术的《外海沉管隧道施工成套技术》方案记录了项目自建设至今进行的百余项试验研究和实战演练、自主研发的十几项国内首创且世界领先的专用设备和系统、获得的数百项专利，以及成功攻克的十余项外海沉管安装世界级工程难题。林鸣工程师谈道，很多的创新发明都是因为限制而产生的。在建设港珠澳大桥的过程中，沉管隧道的发明也不例外。在外界不看好中国人发明新型沉管技术的情况下，经过精密的计算与严格的推导，中国人成功发明第三代沉管技术，实现飞跃式的突破，同时还发明了可折叠的主动止水最终接头，创新性地提出了半钢性沉管结构的概念，实现了科学概念的突破，在可以实现目标的同等情况下，更加节省资金和材料。

回望三十多年的工程建设历程，林鸣常说，当国家需要建设与发展时，创新和担当便不仅仅是一位建设者、一支工程队伍的职责，更是企业与行业的使命。每谈及此，林鸣的态度永远铿锵坚定："我们所建设的从来也不是单纯意义上的商业项目，而是大国的经济宏图。"

（资料来源：新华网，有删改）

想 一 想

是什么原因让林鸣工程师顶着巨大的压力创造性地完成了项目任务？这对你有什么样的启发？

_____

_____

_____

4. 创新思维的方法

创新思维的方法很多，有联想思维、形象思维、多项思维、逆向思维、侧向思维等。而想象是创新思维的内核，是对头脑中已有表象进行加工、排列、组合从而建立起新表象的心理过程，具有形象组合性、时空跨越性和高度自由性的特点。创新思维有两大想象法：联想法和灵感法。

联想思维是创造性思维中最具活力的重要组成部分，人们通过联想可以开拓思路，启迪思维，发现联系，引发创意，获得新发明。像潜水艇

（图4-3）的外观仿生设计来自深海里的鲸鱼（图4-4），潜水艇采用鲸鱼的外观设计能减少潜水艇在水中的阻力，同时降低噪声，还能提升潜水艇的隐蔽性。

图4-3
潜水艇

图4-4
鲸鱼

灵感思维是人类的一种基本思维形式，处于认识的感性阶段，是一种非理性思维，往往因人、因时、因问题和对象而异，具有极大的特殊性、随机性。人类关于创造性劳动思维和创造性劳动的成功范例验证了"灵感""直觉""顿悟"等非逻辑思维活动在创造性劳动思维中的不可或缺。灵感是指人在长时间思考某个问题而得不到解答时，由于某种偶然的原因，突然间得到崭新的、正确的思维成果的思维过程。例如，牛顿发现和提出万有引力正是灵感的体现。灵感思维促使人们创造性地解决疑难问题，完成创造、创新、创作等最为艰巨的任务。例如，我国古代就已经有了仿生设计，春秋战国时期鲁国匠人鲁班从能划破皮肤的齿草类植物（图4-5）中得到启示而发明了锯子。古人还通过仿照鱼的胸鳍和尾鳍制成双桨和单橹，并将船体设计为鱼形。

图4-5
齿草类植物

5. 创造性劳动的开展

创造性劳动是一个相互联系的过程，它包括四个阶段：一是问题提出阶段，创造性劳动是从发现问题、提出问题开始的。提出问题通常比解决问题更重要，因为提出问题需要有创新的想象力，有价值的问题的提出需要基于知识和经验的积累以及对问题价值的判断。二是思考探索阶段，需要围绕问题开展创造性思考、反复尝试、反复碰撞，不断进行组合、交叉、选择、实验，形成新的创意。三是形成方案阶段，需要将解决问题的创意思路和想法记录下来，并根据尝试情况进行筛选，形成问题解决方案。四是实践验证阶段，需要将初步的解决方案进行实践、论证和完善，一方面进行理论验证，另一方面进行实践检验，进而保证创造性劳动成果的质量。

耿家盛：30 年磨就"一把刀"

练 一 练

结合自身专业实际，设计或制作一件你认为具有创新性的作品。

_____

_____

_____

任务三 劳动需要团队合作

劳动是人类生存的基础，更是人类文明进步的源泉。劳动有许多种方式，不仅有单独个体的劳动，也有集体劳动，而集体劳动的开展，很大程度上就需要进行团队合作。团队合作这种形式广泛存在于生产活动中，其重要性不言而喻。例如交通行业项目建设流程，立项、设计、采招、建设、验收，少了哪个环节、哪个部门都无法完成，这就需要建立起团队合作的工作机制，正所谓"人心齐，泰山移"。在劳动过程中，团队合作精神对于提高劳动质量、锻炼劳动能力来说非常重要，特别是高职院校的大学生，应通过劳动培育团队精神，在实习实训中相互学习、相互帮助，提高专业技能，为将来的就业奠定基础。

练一练

在开展班级活动、社团活动及实习实训时，你会怎样与他人合作？

_____

_____

_____

1. 认识团队合作的必要性

团队是由两个或两个以上相互依赖、承诺共同的规则、具有共同愿望、愿意为共同的目标而努力的互补技能成员组成的群体。合作一般是指团队成员互相配合做某事或共同完成某项任务。团队合作精神是一种为达到既定目标所显现出来的自愿合作和协同努力的精神。古往今来，众多的事例都充分地证明了团结合作的重要性和必要性。现今社会，为了更好地生存与发展，小到一个人，大到一个国家，团队合作都是极其重要的一种素质，它能够将一个个孤立的力量汇集起来，形成一股合力，以获得最大效益。

靠团队合作而一举成功的事例可谓不胜枚举，值得我们借鉴。例如，一群弱小的蚂蚁在成群结队且纪律严明的组织下，变成一支横扫南美热带雨林且所向无敌的大型"蚁"军；东汉末年孙权、刘备联军在长江赤壁一带大破曹操大军；全国人民众志成城，共同抗疫，取得抗疫的阶段性胜利等。这就是团队合作的优势与力量，无论在人类社会还是在大自然中，团队合作都在竞争中显示出了异乎寻常的效率与强大。

奇迹：十天建成火神山医院

有人认为，当今时代正是展现个人才华与能力的时代，团队合作可能会埋没个人的才华与创意。其实不然。团队合作与张扬个性并不矛盾。团队合作并不意味着人云亦云；张扬个性也并不代表孤军奋战。发挥团队成员不同个性的各自优势，并协调这些优势之间的关系，使成员既可以充分地发挥自我的能力，又可以组成一个牢不可破的团队，才是真正智慧的选择，也是个人、国家、民族通往成功的必由之路。

2. 发挥团队合作的优势

（1）团队合作具有普遍性

在社会生活中，谁都不可能脱离群体而单独地存在，因为人的本质是一切社会关系的总和。由于各种各样的原因，我们需要寻求与他人合作，共同完成复杂或困难的劳动，以实现劳动集体的共同目的和利益。与他人合作，更能获得面对困难的勇气和战胜困难的力量。

团队合作之所以受欢迎，在于其特殊的优越性。团队合作是组织目标实现的重要保证，是培养员工忠诚度的重要内容。在实践中坚持团队合作有助于我们持续成长，这也是团队合作在组织中备受关注、被广泛采用的原因。

（2）团队合作有利于提高整体效能

团队合作进行劳动，有利于提高整体效能，能在很大程度上提升劳动效益，创造出"1+1>2"的价值，通过发扬团队合作精神，加强团队合作能力，可以节省内耗。

团队合作很好地体现了"人多好办事"的优势，团队合作可以完成个人无法独立完成的大项目，避免一个人战斗。毕竟人无完人，一个人的力量有限，单打独斗难以把全部事情都做尽、做全、做好。而多人分工合作则具备人多力量大的优势，可以把团队的整体目标分割成许多小目标，再分配给团队的成员去分别完成，从而缩短完成大目标的时间，提高效率。

团队合作会产生大于个人的力量，创造更好的劳动效果。团队合作增强了员工对工作的参与性和积极性，做到优势互补，博采众长，节省内耗，从而能更好地面对来自各方面的挑战。

（3）团队合作有利于提高劳动能力

在团队合作中，作为团队的一员，人们会更加努力劳动。如果团队合作良好，每个人相处融洽，就会产生更加积极的协同效应，有利于培养良好的劳动意识。团队合作有利于激发团队成员的学习动力，促使团队成员在动力的引领下，不断增长劳动知识，提高团队整体能力。团队合作中，不服输的积极心态和对他人认同的渴望都不知不觉地增强了成员的上进心，促使成员自觉地要求进步，力争在团队中做到最好。团队成员的良性内部竞争，可以起到正面的激励作用，有助于提高团队的整体能力。

（4）团队合作有助于劳动目标的实现

劳动目标的实现需要每一个成员的努力，团队应尊重成员的个性，重视成员的不同想法，激发成员的潜能，真正使每一个成员参与到团队合作中，实现风险共担，利益共享，相互配合，共同完成劳动目标。

个人和集体只有依靠团结合作的力量，才能把个人的愿望和团队的总体目标结合起来，只有讲团结合作、会团结合作、能团结合作，才能共同实现目标。这就要求每个成员牢记团队宗旨，心往一处想，劲往一处使，在工作中互相支持，生活上互相关心；每个人都能发挥特长、发挥优势，尤其能够利用自身的优势无私地支持他人、帮助他人；要善于团结那些与自己有不同意见的人，共同把事情办好；特别是在劳动中遇到挫折时，更要相互理解和谅解，而不是互相推诿，只有这样才能超越个体认知以及个体力量的局限性，发挥集体的通力合作作用，共同实现劳动目标（图4-6）。

图 4-6
团队合作

　　（5）团队合作是创新的巨大动力

　　团队合作有利于创意的产生。三人行，必有我师焉。团队中每个人都有自己的优劣势和独特的想法，团队成员组成的多元化有助于思维的多样化，在决策时集思广益从而产生创新的方案。

　　（6）团队合作有助于提高团队成员积极性

　　团队合作可以营造一种独特的工作氛围，使每个成员都有一种归属感，有助于提高团队成员的积极性。正是这种归属感，使成员感到自己不仅在为团队的目标而努力，也是在为了实现自己的目标而努力。与此同时，也有其他成员一起为这个目标而努力，从而激起每个成员自身更强的工作动力，为团队目标做贡献的积极性也会油然而生。

　　（7）团队合作能够约束和规范成员的行为

　　在团队内部，当一名成员有不规范的行为时，团队内部形成的正确观念和氛围会对个体施加一种无形的约束力，致使个体在心理上产生一种压抑和紧迫感。在这种压力下，成员在不知不觉中会随同大众，在意识决定和行为上表现出与团队中大多数人的一致性，从而达到约束和规范个体行为的目的。约束和规范个体不良行为有助于团体行动的标准化，从而提高团队的办事效率。

3. 团队合作精神的培养

（1）团队合作的基础

① 信任。信任是建设一支具有凝聚力并且高效的团队第一个且最为重要的条件。这种信任，是以人性脆弱为基础的信任。在这种信任下，团队成员之间彼此可以说出"我弄砸了""我没做好""我需要你的帮助""我很抱歉""你在这方面比我强"这样的话，这意味着团队成员必须学会自如地、快速地、心平气和地承认自己的错误、不足并能够求助。他们还要乐于认可别人的长处，允许他人超过自己。

② 意识。这里的意识指的是团队意识，优秀卓越的团队不需要提醒成员竭尽全力工作，因为成员很清楚需要做什么，他们会彼此提醒避免那些无助于成功的行为和活动。而不够成熟的团队面对问题时，容易采取放弃或相互埋怨的处理方式，不仅破坏团队的士气，而且使那些本来容易解决的问题迟迟得不到解决。

③ 分工。分工协作是组织设计中遵循的传统原则之一。团队内部既要分工明确，又要互相沟通、协作，以达成共同的目标。分工协作是提高劳动效率的基本手段。以分工为基础的协作劳动，其高效率是单干所无法比拟的，但是一味地分工也可能降低工作效率，因此要注意分工的适当。

（2）团队精神的培养

一个团队中，相同的文化成就感、文化意识、文化心理是成员彼此之间认同、信任、聚合的基础。我们可以从团队合作的三个基础当中找到培养团队精神的方法。

① 确立目标，建立信任。共同的目标和期望是形成一个团队的首要条

件。团队成员应花费充分的时间、精力来讨论、制定他们共同的目标，并在这一过程中使每个团队成员都能够深刻地理解团队的目标，不断建立信任。因此要确立导向明确、科学合理的目标，使全体成员在目标的认同上达成一致，互相信任，为实现目标奋斗。

② 创设环境，营造氛围。在团队中营造一种和谐的人文氛围，让大家在良好氛围的熏陶下形成人与人的信任、诚信，彼此间形成一种默契的共赢意识，使团队具有感召力。让成员感觉在这样的环境下工作很舒适、很顺心，不必为人际关系而伤神累体，将更多的精力投入到工作的创新与发展中去。

③ 树立意识，主动服务。团队的作用在于相互补充，在日常工作中，许多事并不能十全十美，而一些容易被人们忽视的地方往往是很关键的，这就要求我们发扬团队精神，主动为其他部门提供优质服务，尽心尽力帮助他人解决难题，力求各方面都做到领先一步。

④ 善于沟通和协调。良好的沟通与协调能通过信息与思想的交流达成共同的认知，是形成团队精神的必要条件，有效的沟通与协调能及时消除管理层与成员、成员与成员之间的分歧、误会和成见。因此团队成员之间应该互相支持，善于沟通，彼此之间坦诚相待，相互信任，并勇于表达自我，认真地倾听别人提出的与自己不同的意见和主张，用"双赢"的沟通方式去求同存异，达到良好沟通的目的。

⑤ 建立系统科学的管理制度。使管理工作和人的行为制度化、规范化、程序化，保证组织协调、有序、高效运行。在管理机制方面，每一项规章制度的制定与实施不能让成员觉得这是在限制他们、约束他们，而要让成员从内心深处去认识到各项规章制度的制定与贯彻是势在必行且能够调动他们的积极性的。

⑥ 强化激励，形成利益共同体。激励可以激发人的动力，使其内心渴求成功，朝着期望目标不断努力。激励团队成员的方法有很多，比如为其提

供一份有挑战性的工作。人总是在力求上进，前面的阻碍越大越有冲劲，只要超越这次极限，就意味着取得了很大的成功。在团队劳动里要加大这种激励力度，引用科学、民主的竞争机制，公平、公开、公正地进行，在合作中竞争，在竞争中合作，营造一种积极争取的氛围。

再例如为团队成员提供学习新技能的机会。要想适应劳动的时代步伐，必须要塑造一批高技能的人才。一定要加大对团队成员培训的投入，让他们在学习中不断提高，在培训中不断长进。成员自身能力提高了，也会更加投入地把各项工作做好。

提拔、晋升的标准也是激励团队成员的最好方式之一。但是单凭资历提拔不能鼓励成员争创佳绩，只会使他们养成坐等、观望的态度。应以工作业绩为依据制定一套内部提拔标准，激励团队成员有更多贡献。

⑦ 增强领导者自身的影响力。领导是团队的核心。作为领导者，首先要明确自己的职责，即把握方向、确定思想、搭建平台，要从长远角度出发，出谋划策，制定政策，提拔、试用并教育干部，使其能发挥更大的作用。其次，应了解和理解团队成员的心理，尊重他们的要求，以服务管理心态，而不是监管、控制心态面对团队成员，通过自己的组织协调能力以及领导魅力去影响和引导团队成员按既定的方向去完成组织目标。再次，领导者要注意倾听不同的声音，接受不同的意见和观点，并加以重视和思考，在团队内求同存异，保留不同的思想，利用好团队的合力。这样既有利于防范决策风险，又能赢得其他成员的尊敬。最后，领导者还要引导团队成员使其个人目标与组织目标保持一致，因为只有当个人的奋斗目标和职业生涯道路与团队的组织目标高度融合时，个人才有可能为之奋斗终生。

⑧ 合理分工，各尽其能。合作性劳动的分工协作，应当对自己和他人有客观的认识，尽可能充分发挥每个人的特长优势，使每个人根据自己的专长去完成相应的工作。在劳动分工时，应根据每个人的特点布置合适的劳动

任务。尺有所短、寸有所长，并不完美的我们可以通过取长补短、合理分工、相互协作使工作相对尽善尽美。

请举出一些合作共赢的事例，并谈谈从中得到的感悟。

_____

_____

_____

课 业 实 操

实操 1：选择下列物品：房子、电风扇、自行车，或你感兴趣的任何物品，使用检核表法，尝试进行一次创意，并记录你的创意思维过程，填写在表 4-1 中。

表 4-1

序号	提示	创意想法
1	保持原样或稍加改变，能有新的用途吗	
2	能不能借用别的经验或发明	
3	能不能对它做一些改变？如改变运动形式、颜色、形状等	
4	能不能增加一些东西	
5	能不能减少一些东西	
6	能不能代用其他东西	
7	能不能重新调整	
8	能不能把某些东西颠倒过来	
9	能不能进行组合	

你的最终创意：_____

_____

_____

_____

填写人：_____　日期：_____年____月____日

实操 2： 基于上述创意，尝试进行一次创造性劳动实践，并完整记录过程，填写在表 4–2 中。

表 4-2

实践记录	
一、提出问题	
二、思考探索	
三、形成方案	
四、实践验证	

实操 3： 选择参加或者自己设计并邀请别人参加一项团队合作任务，可以是打扫卫生或是公益劳动，也可以是合作完成一个调查报告、实践报告。从团队合作劳动的目标、团队成员的特长和优势、团队成员的分工、任务达到的预期成效等方面思考设计。

在完成劳动任务的过程中，你和团队成员是如何充分发挥各自的优势特长的？你们如何进行有效的沟通交流？整个劳动的成效以及个人价值在劳动过程中是如何体现的？

_____

_____

_____

评价项目	课业是否完成（40分）	课业完成质量（60分）	考评成绩（100分）
评价分值		实操1（20分）	
		实操2（20分）	
		实操3（20分）	

尊重劳动成果

> 伟大的成绩和辛勤的劳动是成正比例的,有一分劳动就有一分收获,日积月累,从少到多,奇迹就可以创造出来。
>
> ——鲁迅

能力目标

正确理解尊重劳动成果的意义

爱惜劳动成果

注意保护知识产权

素养目标

形成尊重劳动者及劳动成果的意识

树立节约资源的观念

养成注重积累劳动成果的态度

任务描述

亲爱的同学,用你的亲身体验,描述尊重日常生活劳动成果的意义。并请结合实例,思考为什么要尊重劳动成果。

"书山有路勤为径，学海无涯苦作舟。"劳动是人类生存和发展的基石。劳动创造了物质生活，创造了人类千百年来的文化积淀。各行各业的劳动人民，都在用自己的智慧和汗水，谱写幸福、和谐的人类篇章，也在为整个世界的发展做出巨大的贡献。任何形式的劳动都应该受到尊重。劳动没有高低贵贱之分，让我们珍惜、爱惜每一份劳动成果，尊重每一位辛勤工作的劳动者。

任务一 劳动成果分类

你是怎样认识劳动成果的？请你写出几个劳动成果的例子。

_____

_____

_____

1. 劳动成果是劳动的集合

习近平总书记在全国教育大会上强调，要培养德智体美劳全面发展的社会主义建设者和接班人，并指出"要弘扬劳动精神，引导学生崇尚劳动、尊重劳动，懂得劳动最光荣、劳动最崇高、劳动最伟大、劳动最美丽的道理，长大后能够辛勤劳动、诚实劳动、创造性劳动"。党的二十大报告指出，要"在全社会弘扬劳动精神、奋斗精神、奉献精神、创造精神、勤俭节约精神"。

近年来，党和政府大力倡导向大国工匠、最美奋斗者、时代楷模、改革先锋等劳动模范学习，彰显出新时代的劳动价值理念。而那些在平凡的岗位发光发热的劳动者，同样值得我们学习。例如，2020年全国高考实用类阅读材料就围绕《钟南山：苍生在上》一文赞颂抗疫英雄钟南山；全国Ⅱ卷引用现代文阅读材料张子影《卖馄饨的夫妻》（图5-1）一文，阐述普通劳动者的辛劳与奋斗，引发读者对普通劳动者的关注与思考。无论是抗疫英雄还是普通劳动者的劳动成果，都需要我们去珍惜、去尊重。

"疫情无情，人有情"，在这场

图 5-1
卖馄饨的夫妻

持续不断的疫情当中，成千上万名白衣战士为这次疫情付出了许多。在国家最危急的时刻，他们在抗疫一线为患者治病；他们忍着高温，穿着防护服为我们检测；他们为全体人民能够尽早地恢复日常工作、学习而默默付出。是他们不顾自身安危，奋勇向前，才能让各行各业在最短时间内恢复生产，让国家经济复苏。他们的劳动成果是用汗水和泪水共同铸成的，那就是用生命来守护我们的健康安全。国家兴亡，匹夫有责。我们一定要尊重医务人员的劳动成果，遵守国家的防疫规定，服从防疫安排，做好自身防护措施。将疫情期间所有劳动者的劳动成果集合起来，才使得社会生产和百姓生活恢复正常。

2. 劳动成果的产生形式

劳动成果是指人类通过创造精神或物质财富的活动而形成的工作或事业上的收获。劳动成果一般分为体力劳动成果和脑力劳动成果。

体力劳动成果指人依靠肢体力量完成劳动从而创造的成果，可以将除了脑力劳动成果以外的劳动成果都认为是体力劳动成果。脑力劳动成果即智力成果，主要指依靠人类脑力劳动所创造的劳动成果，一般表现为发明创造、科学应用以及文化艺术作品等。虽然两种劳动成果的产出形式不同，但都需要力量、智慧等的付出。一分耕耘一分收获，我们既要懂得如何付出，也要珍惜付出后来之不易的劳动成果。

苏联卓越的教育家、教师、思想家和作家苏霍姆林斯基提出要高度重视劳动教育的作用和实施，实践中他把劳动教育分为体力劳动和脑力劳动，体力劳动分为农业劳动、工业劳动和日常劳动，脑力劳动分为观察自然及社会、阅读和课堂思考。

（1）体力劳动

以生产生活资料和生产资料为主的农民、工人等的劳动属于体力劳动。农业劳动是一项深入自然的劳动，需要学生深入农业试验的过程当中，从而将理论更好地过渡到实践。学校设置的产教研一体的实训基地可以最大限度地模仿工厂工作的场景，让学生提前感受工业劳动的实际情景。体力劳动一般都从自我服务开始，无论一个人日后从事何种生产劳动，自我服务都将成为他的义务和习惯。体力劳动能让学生明白劳动成果的来之不易，推己及人，学生也会更加珍惜他人的劳动成果。

（2）脑力劳动

脑力劳动与体力劳动相对，是以脑力消耗为主的劳动，其特征在于劳动者在生产中运用的是智力、科学文化知识和生产技能，故亦称"智力劳动"。脑力劳动主要体现于劳动者的科学文化知识、生产技能和经验。当然，更多的劳动成果是体力劳动和脑力劳动共同创造的成果。职业院校培养的是技术技能人才，未来从事的劳动并不是单纯的体力劳动，而是依赖于我们所学专业的知识和技能，在劳动中以体力为基础，用脑力支配体力，将二者结合，共同作用于生产活动。

新劳动 新价值

任务二 劳动成果来之不易

想一想

日常生活中你是怎样尊重劳动成果的？请你写出几个珍惜和尊重劳动成果的行为。

_____

_____

_____

1. 劳动成果需要付出才能取得

劳动是人之为人的主要特征，是创造财富的根源，是社会发展的源动力。中国能够成为 GDP 总量居世界第二的国家，离不开无数中华儿女的勤奋劳动与不懈努力。中华人民共和国成立以来，经过亿万人民的劳动实践和不断奋斗，中国才从贫穷落后的状态中走出来；党的十九大以来，我们正式进入中国特色社会主义新时代。历史和实践都表明，只有通过劳动才能实现中国梦，才能使中华民族屹立在世界民族之林。

"天下大事，必作于细"，讲求的是精益求精；"宝剑锋从磨砺出，梅花香自苦寒来"，讲求的是艰苦奋斗；"只要功夫深，铁杵磨成针"，讲求的是坚持不懈。任何劳动成果都需要辛勤付出，要保持良好的心态，用心做事，一分耕耘一分收获，成功一定在不远处。

劳动成果需要付出才能取得。在古代，没有精密仪器的帮助，很多发明创造都是知识与智慧的凝结，也是靠不断地劳动与付出，才终成佳作。我国古代工匠的代表鲁班从小就跟随家人参加劳动，逐渐掌握了生产劳动的技能，积累了丰富的实践经验。在此基础上，经过反复研究、试验，他发明

110

了木工师傅们用的锯、钻、刨子、铲子、曲尺、墨斗等手工工具，为手工业的发展做出了卓越贡献，成为永载史册的名匠（图 5-2）。我国现代工匠高凤林是中国航天科技集团有限公司第一研究院首席技能专家，被誉为"最牛焊接工"，在"长二捆"运载火箭研制生产中，高达 80 多米的全箭振动试验塔是"长二捆"研制中的关键，而塔中用于支撑火箭振动大梁的焊接是关键的关键，该材料特殊，要求一级焊缝。高凤林经过反复试验，提出了多层快速连续堆焊加机械导热等一系列保证工艺性能的工艺方法，出色地完成了振动大梁的焊接攻关，保证了振动塔的按时竣工和"长二捆"火箭的如期试验，保证了"澳星"的成功发射。

图 5-2
中国古代的能工巧匠

从两千多年前的鲁班到新时代的劳模，从古代四大发明到天宫、天眼、悟空、蛟龙等现代科技成就，中华民族始终流淌着大国工匠的血液。作为新时代的大学生，要深刻理解劳动成果的内涵，树立劳动最光荣、劳动最崇高、劳动最伟大、劳动最美丽的观念。成就梦想不能一蹴而就，大学生要将热爱劳动、珍惜劳动成果的意识自觉运用到践行社会主义核心价值观的具体实践中；在学习中不断积累劳动成果，一丝不苟、专心致志、孜孜不倦；要向大国工匠们学习，磨炼自己的意志。如此，方能成为国家的栋梁之材，为实现中华民族伟大复兴贡献力量。

案例品读

彭运动：桥梁大国的"中国工匠"

1992 年，大学毕业的彭运动被分配到中交公路规划设计院。此后二十余年里，他参与设计的每一项工程，像一座座丰碑，铸就了他的光荣与梦想，也见证着我国桥梁发展的每个瞬间。从我国首座跨径超千米的特大型钢箱梁悬索桥江阴大桥起,他参与设计、经营了一大批国内外桥梁史上赫赫有名的工程项目,他和他所在的公规院,为推动中国从"桥梁大国"迈向"桥梁强国"做出了卓越贡献。

彭运动参与的第一个项目是我国首座跨径超千米的特大型钢箱梁悬索桥——江阴大桥,他负责大桥锚碇部分的设计。在那场持续3年的现场设计工作中,在对那座超级工程的打磨中,他不仅积累了丰富的经验,也坚定了一个理念,那就是要把事情做好。要把事情做好,就要付出巨大的努力与智慧。这种理念支撑着彭运动走向职业生涯的每一个项目。天道酬勤,在他从业的第11个年头,彭运动作为项目负责人开始挑起大梁。然而,这是一块难啃的"骨头"——贵州坝陵河大桥,主跨1 088米,为当时国内首座超千米的钢桁梁悬索桥,国内尚无实施先例,设备、技术、经验都不完备。临阵退缩不是彭运动的风格。他带领团队一方面潜心钻研,一方面向当时该项技术成熟的日本同行取经。但这次日本之行并不顺利:对方很热情,但却婉拒了关键技术和设备的输出。

"怎么办?""我们自己研发!"回想起当时的情景,不少参与过项目的员工至今难以忘怀:像赶考一样,"白加黑""5+2",没日没夜地试验,大家都憋着一股劲,一定要做出来而且要比日本做得好。最终,他们研发的贵州坝陵河大桥山区峡谷超大型隧道锚及钢桁梁创新技术获得了成功。2009年年底,坝陵河大桥在深山峡谷中横空出世。

彭运动是千百万"交通人"辛勤劳动的缩影,而各行各业中都存在着千千万万个辛勤劳动、默默付出的耕耘者。为了能够不被外国技术垄断,为了能够加快祖国各领域的经济发展,打破外国高精尖技术领域封锁,打通市场价格优势,我国各领域的"大国工匠"通过汗水和智慧,不断拼搏与奋斗,

112

夜以继日地付出,我们的祖国才能在短短70年时间内迅速发展,科学技术水平才能发生翻天覆地的变化,人们的生活也逐渐富裕起来。没有他们的付出,就没有我们现在的幸福生活。因此,我们要更加努力,向前辈学习,继续为祖国的发展壮大贡献自己的力量。

(资料来源:搜狐网,有删改)

想 一 想

读了上述案例后你受到了哪些启发?

_____

_____

_____

2. 劳动成果需要珍惜

"一粥一饭,当思来处不易;半丝半缕,恒念物力维艰。"珍惜他人的劳动成果,这是社会主义核心价值观中友善的体现,也是个人素质、个人魅力的彰显。

从古至今,伴随时间的推移,新技术、高科技的发展,社会也随之发生了很大的改变。高速运载工具的产生和网络的广泛使用,使得人与人之间联系的方式大大改善,身处异地的亲人、朋友之间的交流得到加强,亲情、友情得到更丰富的表达;政策的提出以及人民的辛勤劳动,使得物质极大丰富,满足了我们的基本生存需求;土平房变成了高楼大厦,住房条件也有了翻天覆地的变化,解决了人口拥挤的问题。种种劳动成果不断积累,人民才过上了幸福美满的新时代生活。只有热爱劳动,生活才会改变,物质才会丰富,社会才会进步。

尊重劳动是大学生应具备的品质和精神。整洁干净的街道是不怕苦、不怕累的环卫工人的劳动成果；深夜美味的外卖包含外卖小哥的劳动成果；绿化美观的校园是园艺工人的劳动成果。正是这些辛苦劳动的劳动者，维持着我们的日常生活，也正是由于热爱劳动的中华传统美德，促使了人民日益美好生活的实现。因此，我们要大力弘扬艰苦奋斗、勤俭节约的中华民族传统美德，珍惜劳动成果，倡导绿色文明的生活方式，树立正确的消费导向。从自身做起，带动身边的亲朋好友共同珍惜劳动成果，让尊重劳动、勤俭节约、珍惜劳动成果蔚然成风。

3. 艰苦奋斗、勤俭节约

想 一 想

日常生活中，我们可以节约哪些资源？为什么要节约这些资源？

_____

_____

_____

艰苦奋斗、勤俭节约是我们党的优良传统，也是我国社会主义建设的强大精神动力。追求享乐、奢侈浪费的思想作风是与艰苦奋斗、勤俭节约的思想作风根本对立的。在发展社会主义市场经济的形势下，划清艰苦奋斗、勤俭节约与追求享乐、奢侈浪费的界限，对于弘扬艰苦创业之正气、抑制奢侈浪费之歪风，具有十分重要的意义。本质上，艰苦奋斗、勤俭节约是一种奋发向上、开拓进取、不畏艰难的精神状态和作风，是无产阶级世界观、人生观、方法论在社会主义建设实践中的综合体现。高职教育的人才培养目标是培养高素质技术技能人才，因此，要将劳动精神融入高职教育，引领学生发扬我党艰苦奋斗、勤俭节约的优良传统和作风，帮助学生养成艰苦奋斗、勤俭节约的良好劳动习惯。

当前，我国资源、能源现状堪忧。虽然我国资源总量居世界前列，但人均资源占有量却相对落后。人类活动和社会发展的目标是为了不断满足人民日益增长的物质文化需求。科学发展观的核心是以人为本。随着时间的推移，人口的迅速膨胀和经济的蓬勃发展导致了人口、资源、环境与发展的矛盾越来越突出，人类占领了几乎所有可居住的土地，树木被乱砍滥伐，动物被猎杀甚至灭绝，植物多样性遭到破坏，矿产资源被过度开采。这虽然在短时间内促进了经济的发展，但是却偏离了发展的目标。因此，要以科学发展观统领经济社会的发展全局，在追求经济发展速度的同时，也要关爱大自然，促进投资、消费、进出口相协调，人口、环境、资源相协调，建设和谐社会、节约型社会，坚持可持续发展。在保障现有人口生产生活、资源环境、发展需求的前提下，也要为子孙后代考虑他们生活、工作、发展所必备的资源条件。否则，人类对资源的垄断和掠夺性开发，会导致资源更加稀缺，甚至消耗殆尽，这与建立和谐社会、节约型社会及可持续发展的目标是背道而驰的。

艰苦奋斗、勤俭节约是中华民族的传统美德，也是我们党发展壮大的关键所在。国家富强人们才能过上安居乐业的生活，"十四五"规划多处强调节约的重要性，如"开展粮食节约行动""提倡艰苦奋斗、勤俭节约"等，倡导在全社会营造浪费可耻、节约为荣的良好氛围，培育绿色低碳消费理念和健康文明生活方式。作为高职学生，我们要提倡"光盘行动"（图5-3）与打包行为，珍惜每一滴水和每一粒米，减少一次性餐具的使用，外出寝室关灯、关电，这都是我们大学生力所能及的节约行为。

节约 光荣

光盘行动

图 5-3
光盘行动

党的十八大以来，"绿水青山就是金山银山"理念的树立，呼应了"创新、协调、绿色、开放、共享的新发展理念"。而高校作为未来接班人培养的最后一站，肩负着引导学生节约能源资源的重要使命。高校是资源能源消耗大户，为了保障生活、教学、科研等常规活动，需要消耗大量的资源和能源。随着社会生活水平的不断提高，如今高校的大部分学生公寓已经或即将安装空调。空调着实可以在炎热的夏天给学生一个舒适的生活环境，但也消耗着大量的资源和能源。因此作为大学生的我们，要时刻有节约意识，让节约意识真正入心入脑，约束好自己的行为，积极参加"节水齐行动""环保低碳绿色出行""废旧纺织物回收节约资源""暂别手机12小时""随手关灯一小步，节约能源一起来""停电一分钟"等活动。我们要节约每一张纸、节约每一度电，点点滴滴积累起来，就可以为国家和社会做出力所能及的贡献。我们要树立处处节约的健康文明风尚，力所能及地去呼吁、影响、改变整个社会，助力节约型社会的建设。

现阶段艰苦奋斗的基本内涵是以创造性劳动推进社会主义经济建设的发展进步。它是奋发图强的革命精神与实事求是的科学态度的有机结合，是一心为公的奉献精神与讲求效益的经济思想的有机结合，是倡俭崇实的工作作风和勇于创新、开拓进取精神的有机结合。随着生产的发展，人们的生活水平将会不断提高，但人民生活水平的提高，归根到底，有赖于社会主义生产的发展，有赖于社会物质财富的增加，而这是需要用艰苦的劳动去创造，靠勤俭去积累的。艰苦奋斗、勤俭节约的目的，归根到底是一切以人民利益为重，实现人民群众从贫困到温饱、从小康到富裕的跨越式发展，是为了人民群众能够过上更加美好幸福的生活。

任务三 劳动成果的积累与保护

练一练

试着去保护你身边的一项劳动成果，并将你的经历与大家分享。

1. 注重积累劳动成果

成果源自积累。唯有善于积累，做事才会胸有成竹，从而得心应手。用数字来举例：1.01 的 365 次方等于 37.8，也就是说，如果你每天进步一点点，一年后你将进步很大；0.99 的 365 次方等于 0.03，也就是说，如果你每天退步一点点，一年后你将一事无成（图 5-4）。

$$1.01^{365}=37.8$$

$$0.99^{365}=0.03$$

图 5-4
0.01 的魅力

劳动是世间一切快乐、一切美好事物的源泉。干净的街道、林立的大厦、井然有序的工作生活，这一切都是劳动成果，都包含着环卫人员、工人、警察等劳动者的默默付出。劳动成果没有大小、高低、贵贱之分，只要是通过努力得到的成果，都是值得被珍惜、被尊重的。无数事实证明，成功需要积累经验，需要积累能力，需要积累成绩，而这一切都离不开恒心和坚持，微小的量变经过累积可以引发惊人的质变，平凡的脚步亦可以丈量遥远的旅途。与其常常羡慕别人的成绩，不如仔细审视自己生命的亮点。“天生我材必有用”“不下汪洋海，难得夜明珠”，只要忍受寂寞、抵制诱惑、潜心向学、默默积累，留下的便是丰硕成果，成就的乃是大家风范。

2. 注意保护知识产权

知识产权，即权利人对其智力劳动所创作的成果和经营活动中的标记、商誉等在一定时间内依法享有的专有权利。随着科技的发展，侵犯专利权、著作权、商标权等侵犯知识产权的行为越来越多，为了更好地保护产权人的利益，知识产权制度应运而生并不断完善。21世纪，知识产权与人们的生活息息相关。

根据《中华人民共和国民法典》的规定，知识产权属于民事权利，是基于创造性智力成果和工商业标记依法产生的权利的统称。知识产权从本质上说是一种无形财产权，它的客体是智力成果或是知识产品，是一种无形财产或者一种没有形体的精神财富，是创造性的智力劳动所创造的劳动成果。它与房屋、汽车等有形财产一样，都受到国家法律的保护，都具有价值和使用价值。有些重大专利、驰名商标或作品的价值甚至远远高于房屋、汽车等有形财产。当我们产出的劳动成果涉及专利权、商标权、著作权时，我们要注意保护自己的权利，避免被不法分子侵权。

（1）知识产权分类

知识产权是智力劳动产生的成果的所有权，它是依照各国法律赋予符合条件的著作者、发明者或成果拥有者在一定期限内享有的独占性权利。知识产权一般分为两类：一类是著作权（也称为版权、文学产权），另一类是工业产权（也称为产业产权）。著作权是指自然人、法人或者其他组织对文学、艺术和科学作品依法享有的财产权利和精神权利的总称，主要包括著作权及邻接权。工业产权则是指工业、商业、农业、林业和其他产业中具有实用经济意义的一种无形财产权，由此看来，"产业产权"的名称更为贴切，工业产权主要包括专利权与商标权。

（2）提高知识产权保护意识

保护劳动成果的知识产权，人人有责。日常生活中，我们看的书、听的歌、玩的游戏都涉及知识产权，可以说，知识产权和每个人的切身利益息息相关。如果不小心购买了一本盗版书籍或使用了盗版软件，你就有可能侵犯了相关原创人员的著作权等。同时，购买质量没有保证的盗版书籍也会危害自身，购买者的权益也会受到损害。

古人云："天下之事，不难于立法，而难于法之必行。"在公路交通产业知识产权保护问题上也是这个道理。近年来，我国出台了多项有关知识产权的法律法规及部门规章，交通运输部在 2010 年颁布了《交通运输行业知识产权管理办法》，对规范交通运输行业知识产权工作，加强交通运输行业对知识产权的创造、运用、保护和管理，鼓励发明创造，促进交通运输科技进步，激励交通运输行业自主创新，促进科学技术成果向生产力转化起到了指导作用。随着经济的发展，公路交通产业的知识产权保护问题越来越突出，面临着诸多挑战。公路交通产业是经济发展的黏合剂，从纵横交错的公路网络，到川流不息的车流，都是人类智慧的结晶。要使得公路交通产业的黏合作用长久有效，完备的知识产权保护体系是必不可少的，这是产业发展的前提。

（3）保护知识产权的意义

保护知识产权，有利于调动人们从事科技研究的积极性。知识产权保护制度致力于保护权利人在科技和文化领域的智力成果。只有对权利人的智力成果及其合法权利给予及时、全面的保护，才能调动人们创造的主动性，促进社会资源的优化配置。

保护知识产权，能够为企业带来巨大的经济效益，增强企业经济实力。知识产权的专有性决定了企业只有拥有自主知识产权，才能在市场上立于不败之地。越来越多的企业开始意识到技术、品牌、商业秘密等无形财产的巨大作用，而如何让这些无形资产逐步增值，有赖于对知识产权的合理保护。

保护知识产权，有利于促进对外贸易，引进外商和外资投资。我国已于

2001 年加入世界贸易组织，履行《与贸易有关的知识产权协议》，保护国内外自然人、法人或者其他组织的知识产权。如果没有知识产权保护，我国就不能参与世界贸易活动。

就构建现代化经济体系而言，保护知识产权应从四个环节入手。首先，建立健全知识产权法律制度，立法要跟得上时代发展，做到与国际接轨。其次，严格执法，严查各类侵犯知识产权的行为。再次，人民法院必须做到依法审判，公平维护各方当事人的权益。最后，全社会形成尊重知识产权、遵守法律的风气，树立法治意识，弘扬社会正气（图 5-5）。

图 5-5
知识产权

只有提高知识产权保护意识，懂得保护自身劳动成果的知识产权，才能在被别人侵犯知识产权时及时运用法律武器，保护自身利益。要了解实施侵害知识产权的行为不仅违法，更需要承担相应的法律责任。在生活中，我们也要注意不购买、使用侵犯知识产权的产品，如盗版图书、盗版软件、假冒艺术品、各种山寨产品等。尊重创新、创作、创造人员的劳动成果，维护创造的良好风气，充分认可劳动成果的社会价值，不让不法分子有利可图。创新是引领发展的第一动力，保护知识产权就是保护创新。激发创新活力，是促进科技强国建设的必然要求，关系到国家各行各业高质量发展、人民生活幸福、国家战略地位提高等。如果知识产权得不到有效的保护，模仿、抄袭等行为就会层出不穷，长此以往，人们将会失去创造的动力，社会也会因此而停滞不前。

作为当代大学生，我们要树立牢固的知识产权保护意识，发现侵权行为应立即制止，或向有关管理部门举报，加强自身创新成果知识产权保护措施，提高自我保护能力。

保护知识产权　维护自身利益

某企业董事长张先生是一个非常热爱创新的人。下雨天,张先生看到很多人手里拿着一把伞,他就突发奇想,如果这个伞可以放在包里,那岂不是很方便? 于是他立即将他的想法和理念与其他董事进行了探讨,得到了大多数董事的支持。通过张先生和企业员工的共同努力,该企业申请了发明专利"袖珍伞",并于次年2月取得专利权。5月,某公司未经张先生许可,擅自按该"袖珍伞"的设计组织生产和销售,获得巨大经济利益。张先生发现自己的专利设计被别人抄袭后,将该公司告上法庭,法院经过半年的调查、取证后,确定该情况属实,专利权合法有效。最后判定被告立即停止一切侵权行为,登报公开道歉,并赔偿原告经济损失20万元,负担民事诉讼费用1万元。

（资料来源：人人网,有删改）

想 一 想

张先生为什么要这样做?

_____

_____

_____

3. 展示自己的劳动成果

展示劳动成果可以体现出自身劳动的价值,能让其他人了解我们的特长和能力所在。劳动成果的自我展示不仅可以提高我们交流、沟通、组织、演讲等方面的能力,还可以为我们未来的就业积累成果和经验。

在校园中，学生社团是很好的展示劳动成果的平台。学校社团没有年级、系科甚至学校的界限，由兴趣爱好相近的同学组成。社团活动可以极大地活跃学习氛围，提高学生自治能力，丰富学生课余生活。学生之间可以交流思想，切磋技艺，互相启迪，增进友谊。社团不仅提供了施展才艺的平台和宝贵的锻炼机会，更是一个接触社会、向大众展示自我劳动成果的理想窗口。

一份详尽、精彩的求职简历也是展示自我劳动成果的载体。简历不仅要对个人学历、经历、特长、爱好等进行简明扼要的书面介绍，更重要的是通过总结实习实践经历，展示自己的专业能力和劳动成果。一份好的简历，对我们未来走向社会、走上工作岗位都有极大的帮助，是通往成功道路的必要条件。

主观态度是决定劳动成果质量的首要因素，也是决定劳动成果是否能被看到的决定性因素。当代大学生要勇于展示自己的劳动成果，不断完善自己的劳动成果，抓住一切机会来实现梦想。

— 课业实操 —

实操1：以小组为单位，每组5~7人，讨论高职院校学生应该如何践行艰苦奋斗、勤俭节约的精神。

_____

_____

_____

实操2：以小组为单位，每组5~7人，讨论为什么要珍惜劳动成果。

_____

_____

_____

课 业 评 价

评价项目	课业是否完成 （40分）	课业完成质量 （60分）	考评成绩 （100分）
评价分值		实操1（30分）	
		实操2（30分）	

项目六

树立安保意识

> 人命关天，发展决不能以牺牲人的生命为代价。这必须作为一条不可逾越的红线。
>
> ——习近平

能力目标

掌握基本的劳动安全防护知识

了解劳动安全和劳动权益的基本含义

学会维护自己的劳动权益

素养目标

增强安全意识

了解自身劳动权益

增强遵守劳动纪律的意识

任务描述

亲爱的同学，实习实训是职业院校开展劳动教育的主要载体，对于实现职业技能和职业素养融合培养，促进人才培养与企业需求的无缝对接，培育工匠精神具有重要意义。毕业年级的岗位实习时间一般长达 6 个月,在此期间,我们必须要了解实习过程中的注意事项,要遵守劳动纪律,掌握劳动安全保护技能,注意自身劳动权益保护,确保在保障自身安全的基础上,圆满完成教学任务并达到进一步了解社会的目的。

任务导入

注重劳动安全,是一个永恒的话题。生产劳动中,有很多由于安全意识淡薄而造成的悲剧,而人往往是事故的直接制造者,因此,我们要培养劳动安全意识,懂得在劳动中保护自己;了解自己的劳动权益,在权益受到侵害时,懂得用法律知识保护自己,维护自己的权益。

任务一　认识劳动安全

1. 了解劳动安全的含义

（1）劳动安全

劳动安全，又称为职业安全，是劳动者享有的在职业劳动中人身安全获得保障、免受职业伤害的权利，具体是指在生产劳动过程中，防止中毒、车祸、触电、塌陷、爆炸、火灾、坠落、机械外伤等危及劳动者人身安全的事故发生。《经济、社会及文化权利国际公约》第七条规定，缔约各国承认人人有权享受公正和良好的工作条件，特别要保证安全和卫生的工作条件。这里需要说明的是，广义的劳动安全包括人身安全和健康两部分内容，本章集中讨论劳动者的人身安全问题。

（2）正确认识劳动安全在国家建设层面的重要意义

安全生产是我们党和国家在生产建设中一贯坚持的指导思想，是我国的一项重要政策。中国共产党代表着工人阶级和劳动人民的根本利益，是全心全意为人民服务的政党。我们的国家是共产党领导下的社会主义国家，劳动人民是国家的主人。我们的一切工作都必须有利于人民大众的根本利益，国家利益和人民利益在根本上是一致的。保护劳动者在生产中的人身安全，是关系到劳动人民切身利益的一个非常重要的方面。因此，当我们谈到发展生产、改善人民生活的时候，绝不能忘记改善劳动者的劳动条件，不顾劳动者的人身安全，盲目追求产值利润是绝不允许的。加强劳动保护，改善劳动条件也已经被写进了我国的宪法条文。

安全生产还关系到社会安定和国家一系列重要政策的实施。安全生产搞不好，伤亡事故和职业病频繁发生，不仅使劳动者本人受到伤害，使其家庭蒙受不幸，还会给成千上万的人民群众造成心理上难以承受的负担。如果处理不当，就会激化社会矛盾，影响社会安定。

（3）劳动者的安全权利与义务

劳动者有权了解其生产作业场所和工作岗位存在的危险因素、防范措施及事故应急措施。用人单位有义务将劳动者生产作业场所和工作岗位中存在的可能导致生产安全事故或者职业病的危害因素如实、全面地告知劳动者。

劳动者有权了解和掌握生产安全事故、职业病的防范措施和应急处理措施，并对本单位的劳动安全卫生工作提出意见、建议。用人单位有义务将生产安全事故和职业病的防范措施和应急处理措施告知劳动者。

劳动者有权对用人单位劳动安全卫生工作中存在的问题提出批评、检举和控告，有权拒绝违章指挥、强令冒险作业。用人单位不得因劳动者对本单位劳动安全卫生工作提出批评、检举、控告或者拒绝违章指挥、强令冒险作业而降低劳动者的工资、福利等待遇或者解除与劳动者签订的劳动合同。

劳动者发现直接危及人身安全的紧急情况时，有进行紧急避险的权利，即可以停止作业或者采取可能的应急措施后撤离作业场所。

劳动者在劳动过程中，应当严格遵守本单位的安全生产规章制度和操作规程，服从管理，正确佩戴和使用劳动防护用品。劳动者应接受安全生产教育和培训，掌握本职工作所需的安全生产知识，提高安全生产技能，增强事故预防和应急处理能力。劳动者发现事故隐患或者其他不安全因素，应当立即向现场安全生产管理人员或本单位负责人报告。

劳动安全对于国家、社会、家庭、个人各个层面，均具有深远的意义。劳动者在劳动过程中，既有维护自身权益的权利，也有安全生产的义务。交通职业类院校的学生，日后大多会从事道路、桥梁建设，汽车检测与制造，城市轨道运营等工作。以路桥等工程类建设项目为例，从业者可能会遇到机械伤人、爆炸伤人、漏电伤人、烫伤、噪声致聋、摔伤等劳动安全问题。只有掌握劳动安全与劳动者权利和义务的知识，劳动者才能在生产劳动中保护自己，维护自己的权益。

2. 熟悉劳动安全环节

安全责任贯穿劳动的全过程，我们应当对自己及相关人员的安全负责，坚信所有的安全事故都是可以防止的，所有的安全操作隐患都是可以控制的；深信工作外安全和工作内安全同样重要；积极与同事协作，以防止任何不安全之环境及行为，发现安全隐患必须及时消除；关注安全条例、程序及法规，并在需要时帮助完善；参加为提高自身安全意识而举办的安全培训和活动；就所有事故及环境问题参与相关讨论和改进。

劳动安全问题存在于多个领域的生产环节：设备操作、检（维）修作业、交通运输、动火作业、有限空间作业、高处作业、吊装作业、防止火灾、电气安全、装卸搬运安全、事故应急处理等。以设备操作为例，我们在实际劳动过程中，可以从作业前、作业中、作业结束三个环节，来保障劳动安全（图6-1）。

图6-1
劳动安全

（1）作业前

作业前，同学们要思考和确认操作注意事项，如操作装载机、叉车前要先了解安全操作规程（图6-2），回顾类似操作过程中曾经发生过的错误和事故，以避免其再次发生；按生产区域要求穿着工作服、安全帽；严禁携带火种进入生产装置区域，在禁止使用手机的区域请关手机；了解将要进行的工作中所接触的危险化学品的情况和设备状况；在进入特定操作岗位或进行特定操作前准备好个人防护用品并规范佩戴。

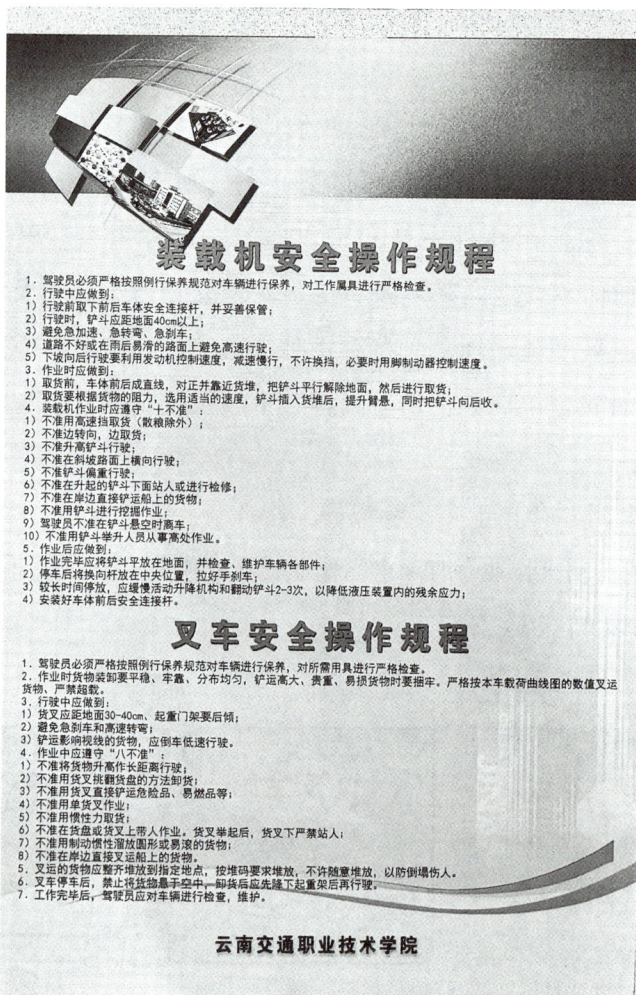

图 6-2
实训室安全
操作规程

（2）作业中

同学们在实际劳动过程中要严格遵守有关安全管理制度、安全操作规程；正确规范使用劳动保护用品和防护器材（防护眼镜、手套、口罩等）；专心工作，严禁睡岗和阅读与工作无关的书、报等；严禁利用计算机和手机聊天、听音乐、玩游戏、看电影、看小说；工作中严禁喝酒，酒后不得上岗；严禁野蛮操作，严格按工作要求规范操作；做好相关的数据记录，做到字迹清晰、数据真实可靠；检查和确认曾经出现过错误操作步骤和发生过事故的同类设备；及时向部门、上级负责人汇报不安全状况和行为；注意生产区域中的各类警示标牌；在使用设备前，最好对所使用的设备进行一次试运行，以确认其性能良好；（设备点检时）按时认真进行巡回检查，准确分析、判断和处理生产过程中的异常情况、安全隐患并做好记录，若处理有困难立即向班组长汇报；遵守劳动纪律，不违章作业并劝阻或制止他人违章作业，对违章指挥有权拒绝执行。

（3）作业结束

同学们在作业结束后，必须在确认关闭设备不会对其他岗位或车间产生影响后，再关闭不使用的设备，并切断电源；将使用过的工具放回指定的位置；清洁工作区域，将生产中产生的各类废弃物存放到指定位置；关闭暂停使用的真空、物料等工艺管道；认真执行交接班制度，做好交接班工作，认真检查岗位设备、设施以及安全、应急、消防等设施是否完好。

同学们将来从事道路建设、汽车制造、汽车维修、工程机械操作、城轨运营等工作时，均需在作业前、作业中、作业结束后做好各项安全防护。例如，在操作工程机械设备前，要提前检查机械是否正常，思考操作注意事项，佩戴好操作服、手套、安全帽等。作业中，要遵守操作规范，专心工作，不做无关事务，如遇机械故障，要及时停止操作并上报。作业后，要及时将机械关闭，将其停放于安全的地方，并认真检查有无损坏，做好交接班等。这样才能减少不必要的安全隐患。

案例品读

交通建设工程安全事故典型

事故发生经过：某项目部在某隧道整修过程中，临时工陈某准备清理洞底泥土，由于清土工具放在洞口上方约3m的崖石上，陈某即从洞里出来去崖石上取工具，而该公司在整修隧道过程中，已经把崖石下的泥土碎石掏空，并且没采取支护措施，当陈某爬上崖石准备取工具时，崖石失衡,从洞口上方滑落,陈某随崖石滑落,在洞底被挤压在崖石下,酿成悲剧。

事故原因:直接原因一是施工过程违反了公路隧道施工技术规范中要求的"边坡、仰坡上浮石、危石要清除,坡面凹凸不平应予整修平顺"的要求;二是该公司在掏掘前,没采取任何支撑措施;三是该公司在施工前对现场既不进行勘察,又不了解崖石的根基,且没有制定固壁支撑施工方案,就进行施工。间接原因是项目部对工人没有进行安全技术操作规程的教育,监理单位对工人安全培训监督不够,工人安全意识差。

防范措施:基坑支护及一切工程改造,只要涉及土石方工程,必须执行公路工程有关施工规范和安全检查标准,事先对现场及工程勘察了解,制定施工方案,经过审核,确认其安全可行,再组织交底施工。基坑及类似工程施工必须先确认固壁支撑牢固,再组织施工或掏掘崖石下的泥土碎石,以确保施工安全。同时,要加强对职工的安全教育,以提高职工自我保护能力。

（资料来源:百度文库,有删改）

练一练

请找一找学校的实训室都有哪些安全生产规章制度和操作规程。

_____

_____

_____

3. 确保劳动安全

劳动保护是国家和单位为保护劳动者在劳动生产过程中的安全和健康所采取的立法、组织和技术措施的总称。它是指根据国家法律、法规,依靠技术进步和科学管理，采取组织措施和技术措施，来消除危及人身安全健康的不良条件和行为，防止事故和职业病，保护劳动者在劳动过程中的安全与健康，其内容包括：劳动安全、劳动卫生、女工保护、未成年工保护、工作时间与休假制度。

（1）认识劳动保护的目的

劳动保护的目的是为劳动者创造安全、卫生、舒适的劳动工作条件，消除和预防劳动生产过程中可能发生的伤亡、职业病和急性职业中毒，保障劳动者以健康的劳动力参加社会生产，促进劳动生产率的提高。

（2）了解劳动保护的意义

劳动保护是我们国家的一项基本政策。"加强劳动保护，改善劳动条件"是载入中国宪法的神圣规定。中华人民共和国成立以来，中国共产党和人民政府始终十分重视劳动保护工作。

保护劳动者在生产劳动中的安全健康也是社会主义国家各类企业进行经营管理的基本原则。只有加强劳动保护，才能确保安全生产，从而改变长期以来不少企业工伤事故频繁和职业危害严重的不良局面。不然，势必严重损害千百万职工的切身利益，伤害他们建设社会主义的积极性和主观能动精神，不利于社会安全和现代化建设事业的持续、稳定发展。

劳动保护是促进国民经济发展的重要条件。劳动保护不仅包含着重要的政治意义，从某种意义上来说，劳动保护还有着深刻的经济意义。在生产过程中，人是最宝贵的，人是生产力诸要素中起决定作用的因素。探索和认识生产中的自然规律，采取有效措施，消除生产中不安全和不卫生因素，可以减少和避免各类事故的发生；创造舒适的劳动环境，可以激发劳动者热情，充分调动和发挥人的积极性。这些都是提高劳动生产率、提高经济效益的基本保证。同时，加强劳动保护工作，还可减少因伤亡事故和职业病所造成的工作日损失和救治伤病人员的各项开支；减少由于设备损坏、财产损失和停产造成的直接或间接经济损失。这些都与提高经济效益密切相关。经济发展的历史经验表明，搞好劳动保护是发展经济的一条客观规律。

（3）了解劳动安全保护基本内容

国家为了保护劳动者在劳动过程中的安全，针对不同的劳动设备和条件以及不同行业的生产特点，制定了适合各行业的劳动安全技术规程。主要包括机器设备的安全，电气设备的安全，锅炉、压力容器的安全，建筑工程的安全，交通道路的安全等。例如《公路工程施工安全技术规范》（JTG F90-2015）就是专门为规范公路工程施工安全技术、保障施工安全制定的。该规范从施工准备、通用作业、路基工程、路面工程、桥涵工程、隧道工程、交通安全设施、改扩建工程、特殊季节与特殊环境等各方面，制定了相应的安全技术规范，并要求公路工程施工应制定相应的安全技术措施。

为了保护劳动者在劳动生产过程中的身体健康，避免有毒、有害物质的危害，防止、消除职业中毒和职业病，我国制定了有关劳动卫生方面的法律法规，这些法律法规都制定了相应的劳动卫生规程，主要包括以下内容：防止粉尘危害；防止有毒、有害物质的危害；防止噪声和强光的刺激；防暑降温和防冻取暖；通风和照明；个人保护用品的供给。企业必须按照这些劳动卫生规程达到劳动卫生标准，切实保护劳动者的身体健康。

（4）认识劳动防护用品

使用劳动防护用品前应首先对其做一次外观检查。检查的目的是认定防护用品对有害因素防护的效能，如检查其外观有无缺陷或损坏，各部件组装是否严密，启动是否灵活等。劳动防护用品的使用必须在其性能范围内，不得超极限使用；不得使用未经国家指定、未经监测部门认可（国家标准）和检测达不到标准的产品；不能用其他物品随便代替，更不能以次充好；要严格按照使用说明书正确使用劳动防护用品。以下介绍几种常见类型的劳动防护用品。

头部防护用品：用于避免或减轻物品从高处坠落时对头部造成的伤害，

以及日常工作中头部可能遭受的伤害，头部防护用品主要有安全帽、安全头盔（图6-3），按材质可分为玻璃钢安全帽、ABS安全帽、PE安全帽等。

图6-3
学生在实训室内
佩戴头盔

呼吸防护用品：用于避免粉尘或有毒气体对人体呼吸系统造成的伤害。呼吸防护用品主要有防尘口罩、防毒口罩和过滤式防毒面具等。

眼部防护用品：用以保护作业人员的眼睛、面部，防止外来伤害。眼部防护用品主要有焊接用防护眼镜、炉窑用防护眼镜、防冲击防护眼镜、微波防护眼镜、激光防护镜以及防X射线、防化学、防尘等防护眼镜。

听力防护用品：用于避免或减轻长期在90 dB（A）以上或短时在115 dB（A）以上环境中工作时受到的伤害。听力防护用品主要有耳塞、耳罩和帽盔三类。

足部防护用品：用于在工作中保护足部免受伤害。足部防护用品主要有防砸鞋、绝缘鞋、防静电鞋、耐酸碱鞋、耐油鞋、防滑鞋等。

手部防护用品：用于在工作中保护手部免受伤害。手部防护用品主要有耐酸碱手套、电工绝缘手套、电焊手套、防X射线手套、石棉手套、耐高温手套、防割手套、丁腈手套等。

身体防护用品：用于保护职工免受劳动环境中的物理、化学因素的伤害。身体防护用品主要分为特殊防护服和一般作业服两类。

防坠落用品：用于防止坠落事故发生。防坠落用品主要有安全带、安全绳和安全网。

护肤用品：用于外露皮肤的保护。护肤用品主要分为护肤膏和洗涤剂。

同学们在将来的工作中，要先掌握相关行业的安全技术规范，根据规范施工、操作，学会正确使用劳动防护用品，在校内实训课、校外实习或走上工作岗位时，都要事先做好自我保护。

任务二　劳动者权益保护

1. 认识劳动权利

想 一 想

劳动是公民的权利还是义务？从事劳动时我们有哪些合法权利受国家法律保护？

_____

_____

_____

（1）宪法对劳动权利的界定

《中华人民共和国宪法》是我国的根本大法，拥有最高法律效力，其第四十二条规定"中华人民共和国公民有劳动的权利和义务"。一直以来，国家通过各种途径，创造劳动就业条件，加强劳动保护，改善劳动条件，并在发展生产的基础上，提高劳动报酬和福利待遇。劳动是一切有劳动能力的公民的光荣职责。国有企业和城乡集体经济组织的劳动者都应当以国家主人翁的态度对待自己的劳动。国家提倡社会主义劳动竞赛，奖励劳动模范和先进工作者。国家提倡公民从事义务劳动。

国家对就业前的公民进行必要的劳动就业训练。

（2）法律对劳动权利的界定

国家高度重视对劳动者合法权益的保护，颁布实施了多项法律法规来确保宪法赋予全体公民的劳动权利，如《中华人民共和国劳动法》《中华人民共和国劳动合同法》《中华人民共和国劳动争议调解仲裁法》《中华人民共和国就业促进法》《中华人民共和国工会法》都对劳动者的合法权益做了相关规定（图6–4）。

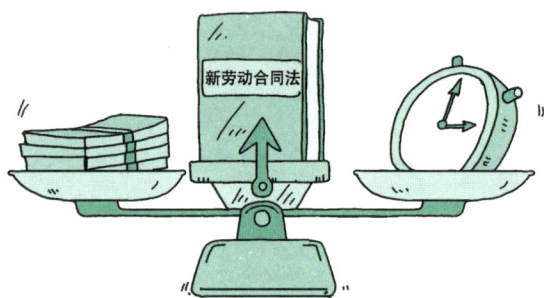

图 6-4
新劳动合同法

《中华人民共和国劳动法》（以下简称《劳动法》）规定劳动者享有的劳动权益主要有9种：

第一，劳动者有平等就业的权利。是指具有劳动能力的公民，有获得职业的权利。劳动是人们生活的第一个基本条件，是创造物质财富和精神财富的源泉。劳动就业权是有劳动能力的公民获得参加社会劳动和切实保证按劳取酬的权利。公民的平等就业权是公民享有其他各项权利的基础。

第二，劳动者有选择职业的权利。是指劳动者有权根据自己的意愿选择适合自己才能、爱好的职业。劳动者拥有自由选择职业的权利，有利于劳动者充分发挥自己的特长，促进社会生产力的发展。劳动者在劳动力市场上作为就业的主体，具有支配自身劳动力的权利，劳动者可根据自身的素质、能力、志趣和爱好，以及市场资讯，选择用人单位和工作岗位。选择职业的权利是劳动者劳动权利的体现，是社会进步的标志。

第三，劳动者有取得劳动报酬的权利。随着劳动制度的改革，劳动报酬成为劳动者与用人单位签订劳动合同的必备条款。劳动者付出劳动，依照合同及国家有关法律取得报酬，是劳动者的权利。而及时定额地向劳动者支付工资，则是用人单位的义务，用人单位违反这些应尽的义务，劳动者有权依法要求有关部门追究其责任。获取劳动报酬是劳动者持续行使劳动权不可少的物质保证。

第四，劳动者有权获得劳动安全卫生保护的权利。保证劳动者在劳动中的生命安全和身体健康，是对享受劳动权利的主体切身利益最直接的保护，包括防止工伤事故和职业病。如果企业单位劳动保护工作欠缺，其后果则是劳动者健康和生命直接受到伤害。

138

第五，劳动者享有休息的权利。我国宪法规定，劳动者有休息的权利，国家发展劳动者休息和休养的设施，规定职工的工作时间和休假制度。

第六，劳动者享有社会保险和福利的权利。疾病和年老是每一个劳动者都不可避免的。社会保险是劳动力再生产的一种客观需要。我国《劳动法》规定劳动保险包括：养老保险、医疗保险、工伤保险、失业保险、生育保险等。但目前我国的社会保险还存在一些问题，社会保险基金制度不健全，国家负担过重，社会保险的实施范围不广泛，发展不平衡，社会化程度低，影响劳动力合理流动。

第七，劳动者有接受职业技能培训的权利。我国宪法规定，公民有受教育的权利和义务。所谓受教育既包括受普通教育，也包括受职业教育。公民要实现自己的劳动权，必须拥有一定的职业技能，而要获得这些职业技能，越来越依赖于专门的职业培训。因此，劳动者若没有职业培训权利，那么劳动就业权利也就成为一句空话。

第八，劳动者有提请劳动争议处理的权利。劳动争议是指劳动关系当事人因执行《劳动法》或履行集体合同和劳动合同的规定引起的争议。劳动关系当事人作为劳动关系的主体，各自存在着不同的利益，双方不可避免地会产生分歧。用人单位与劳动者发生劳动争议，劳动者可以依法申请调解、仲裁、提起诉讼。劳动争议调解委员会由用人单位、工会和职工代表组成。劳动仲裁委员会由劳动行政部门的代表、同级工会、用人单位代表组成。解决劳动争议应该贯彻合法、公正、及时处理的原则。

第九，法律规定的其他权利。法律规定的其他权利包括：依法参加和组织工会的权利，参与民主管理的权利，参加社会义务劳动的权利，从事科学研究、技术革新、发明创造的权利，依法解除劳动合同的权利，对用人单位管理人员违章指挥、强令冒险作业拒绝执行的权利，对危害生命安全和身体健康的行为提出批评、举报和控告的权利，对违反劳动法的行为进行监督的权利等。

一般地说，从实力对比看，劳动关系的两个主体——劳动者和用人单位中，劳动者往往处于弱势地位，用人单位则处于相对强势的地拉。为了使法律规定的劳动者权利得到切实的实现，我国采取了工会和职工代表大会的组织形式，由其代表职工和组织职工参加国家和社会事务的管理，以及在企业中组织和代表职工参与企业的决策和管理。显然，工会和职工代表大会是代表和维护劳动者权益的主要组织，是劳动者实现劳动权利的主要途径之一。同学们首先要了解自己的劳动权利，以及维护劳动权利的途径，以更好地维护切身利益。

劳动权益保护相关法条

2. 遵守安全规程和劳动纪律

想一想

未来，你将从事生产劳动的专业领域可能存在哪些安全隐患？有哪些劳动纪律需要遵守？

_____

_____

_____

（1）遵守安全规程和劳动纪律是劳动者的义务

每一个劳动者都是国家的主人。劳动者的主人翁地位是由劳动者享有的基本权利和劳动者履行的基本义务决定的，是通过劳动者的权利和义务体现出来的。劳动者的权利和义务是相互依存、不可分离的。任何权利的实现总是以义务的履行为条件。没有权利就无所谓义务，没有义务就没有权利。劳动者在享有法律规定的权利的同时，还必须履行法律规定的义务。大学生在参加劳动实习实践时，也要遵守实习单位的安全规程和校企双方的劳动纪律和实习纪律，这是学生应尽的义务，其至少包括以下四个方面：一是劳动者应完成的劳动任务；二是提高职业技能；三是执行劳动安全卫生规程；四是遵守劳动纪律和职业道德。

（2）劳动者应遵守安全规程

安全操作规程亦称"安全技术须知""安全技术细则"，是企业根据生产性质及技术设备的特点，结合实际给各工种工人制定的安全操作守则，它是企业实行安全生产的基本文件。规程不仅包括具体的操作要求和操作方法，而且规定了应注意或禁止的事项，是企业进行安全教育、处理伤亡事故的重要依据。

"安全无小事"，高职学生应认真参加实习单位和学校对实习学生进行的安全防护知识、岗位操作规程教育和培训并进行考核。未经教育培训和未通过考核的学生不得参加实习（图6-5）。

图6-5
实训室安全
操作标语

（3）遵守劳动纪律，树立良好形象

劳动纪律又称职业纪律，是用人单位为形成和维持生产经营秩序，保证劳动合同得以履行，要求全体员工在集体劳动、工作、生活过程中，以及与劳动、工作紧密相关的其他过程中必须共同遵守的规则。劳动纪律的目的是保证生产、工作的正常运行；劳动纪律的本质是全体员工共同遵守的规则。

劳动纪律包括以下内容：严格履行劳动合同及违约应承担的责任（履约纪律）；按规定的时间、地点到达工作岗位，按要求请休事假、病假、年休假、探亲假等（考勤纪律）；根据生产、工作岗位职责及规则，按质、按量完成工作任务（生产、工作纪律）；严格遵守技术操作规程和安全卫生规程（安全卫生纪律）；节约原材料、爱护用人单位的财产和物品（日常工作生活纪律）；保守用人单位的商业秘密和技术秘密（保密纪律）；遵纪奖励与违纪惩罚规则（奖惩制度）；与劳动、工作紧密相关的规章制度及其他规则（其他纪律）。

与用人单位签订劳动合同，应该注意劳动纪律是否生效。用人单位有用工自主权，制定劳动纪律是用工自主权的集中体现，因此法律承认合法制定的劳动纪律具有法律效力，但是与用工单位签订劳动合同时要注意，生效的劳动纪律应具备两个条件：一是内容合法，二是程序合法。具体如下：

一是劳动纪律的制定应当合理。有些用人单位抱着钻法律空子的想法，在劳动纪律中制定了一些虽不违法但有违人情的规定。本质上，合理性是合法性的基础，因此对一些明显不合理的内容，法官也可依据自由裁量权，裁定无效。如某企业规定：员工见到上级不主动打招呼的，可处以警告甚至扣奖金。这一劳动纪律已明显违反了合理性原则，应属无效。

二是劳动纪律必须表述清楚，不能留有漏洞。"劳动纪律"具有准劳动法规的效力，因此在制定时应尤其注意其制定设计的严密性，防止条款间的冲突。有很多劳动纪律都存在诸如"其他严重违反劳动纪律的行为等"的条款，这些语焉不详的条款，看似是扩大了管理范围，但其实是无效的。一旦用人单位按照这样的条款处理员工，其结果往往是将自己陷入失败的诉讼。

三是劳动纪律应当适用于实际工作。劳动纪律应主要针对生产管理中的具体行为，不应过于原则、宽泛，更应注意避免涉及员工隐私。

四是劳动纪律应当经过民主程序制定。劳动纪律应当根据企业实际情况制定，不能套用。劳动纪律制定过程中应当将制度草案交实际操作部门审核。劳动纪律起草过程中应当征求工会、员工代表意见。劳动纪律起草完成应当采取合适的方式公布。

五是劳动纪律应当公示。常见的公示方法包括：公布、培训、员工签字、企业发文、办公会议讨论、职代会通过、内部局域网发布、公证、刊登于内刊厂报等。

3. 高等职业院校实习生与自身劳动权益保护

高等职业院校实习生在校外实习，通过实习积累经验，提升学生的技术能力，是学校对学生参加社会实践的要求。学生应全面增强法律意识，了解和掌握国家对职业院校学生实习管理的相关规定，清楚自身权利义务，主动提高自我保护意识，在实习期间一旦出现权益受损的情况，应积极向有关机关反映、举报或向法院提起诉讼。

想 一 想

实习生具备劳动者资格吗？是否受《劳动法》保护？从事岗位实习时你最关心的问题是什么？

_____

_____

（1）高等职业院校实习工作的法律属性及类型

《国务院关于加快发展现代职业教育的决定》要求，要加大实习实训在教学中的比重，创新岗位实习形式，强化以育人为目标的实习实训考核评价。为此，教育部、工业和信息化部、财政部、人力资源和社会保障部、应急管理部、国资委、市场监管总局和中国银保监会八部门于2022年1月印发了新修订的《职业学校学生实习管理规定》(以下简称《规定》)。

《规定》明确，学生实习的本质是教学活动，是实践教学的重要环节，实习是指实施全日制学历教育的中职学校、高职专科学校、高职本科学校（以下简称职业学校）学生按照专业培养目标要求和人才培养方案安排，由职业学校安排或者经职业学校批准自行到企（事）业等单位进行职业道德和技术技能培养的实践性教育教学活动，包括认识实习和岗位实习。

认识实习是指学生由职业学校组织到实习单位参观、观摩和体验，形成对实习单位和相关岗位的初步认识的活动。岗位实习是指具备一定实践岗位工作能力的学生，在专业人员指导下，辅助或相对独立参与实际工作的活动。对于建在校内或园区的生产性实训基地、厂中校、校中厂、虚拟仿真实训基地等，依照法律规定成立或登记取得法人、非法人组织资格的，可作为学生实习单位，按本规定进行管理。

（2）高等职业院校实习学生劳动者身份界定

依据目前实践情况看，实习一般可分两种情况。一是实习人员与单位建立劳动关系，根据法律法规的要求在单位通过实践进行一定的专业训练。在这种实习中，实习人员必须与单位建立劳动关系，目的在于增强实习人员从事这些专业工作的熟练度，以便将来能够较为独立地从事这样的职业，如律师、医师等。二是实习人员出于学习需要在单位进行社会实践的行为，如《规定》所指的"认识实习、跟岗实习和顶岗实习"即作为学校教学计划的一部分，由学校统一安排到实践部门进行的实习，为培训型实习。培训型实习，是教学的延伸，意在通过实习积累经验，提升学生的技术能力。此时，全日制学生还是学生身份，因此不能将实习视为就业，实习期间学生亦不受劳动法保护。

同时，为获得生活费用和学习费用，在校生个人利用业余时间进行勤工俭学活动时，大学生与其服务的单位之间亦没有劳动关系。劳动部《关于贯彻执行〈中华人民共和国劳动法〉若干问题的意见》第12条指出，在校生利用业余时间勤工助学，不视为就业，未建立劳动关系，可以不签订劳动合同。

（3）高等职业院校学生实习权益保护应知应会

实习管理涉及主体多、工作链条长，加之疫情等影响，一段时间以来，一些单位和个人受利益驱动，以实习为名组织学生到企业生产"流水线"务工、安排加班和夜班、强制实习、收费实习、实习专业不对口等问题时有发生。对此，教育部等8部门针对实习管理中出现的新形势、新情况、新要求修订了《规定》，尤其是针对关键节点进一步明确准则。提出1个"严禁"、27个"不得"，为实习管理划出了底线和红线，对实习各方提出了刚性约束，目的就是进一步保障学生实习安全、提高实习质量。

【1个严禁】严禁以营利为目的违规组织实习。

【27个不得】

① 实习岗位应符合专业培养目标要求，与学生所学专业对口或相近。原则上不得跨专业大类安排实习。

② 认识实习按照一般校外活动有关规定进行管理，由职业学校安排，学生不得自行选择。

③ 任何单位或部门不得干预职业学校正常安排和实施实习方案。

④ 任何单位或部门不得强制职业学校安排学生到指定单位实习。

⑤ 不得仅安排学生从事简单重复劳动。

⑥ 未按规定签订实习协议的，不得安排学生实习。

⑦ 实习协议应当明确各方的责任、权利和义务，协议约定的内容不得违反相关法律法规。

⑧ 不得安排、接收一年级在校学生进行岗位实习。

⑨ 不得安排、接收未满16周岁的学生进行岗位实习。

⑩ 不得安排未成年学生从事《未成年工特殊保护规定》中禁忌从事的

劳动。

⑪ 不得安排实习的女学生从事《女职工劳动保护特别规定》中禁忌从事的劳动。

⑫ 不得安排学生到酒吧、夜总会、歌厅、洗浴中心、电子游戏厅、网吧等营业性娱乐场所实习。

⑬ 不得通过中介机构或有偿代理组织、安排和管理学生实习工作。

⑭ 不得安排学生从事 III 级强度及以上体力劳动或其他有害身心健康的实习。

⑮ 不得安排学生从事高空、井下、放射性、有毒、易燃易爆，以及其他具有较高安全风险的实习。

⑯ 不得安排学生在休息日、法定节假日实习。

⑰ 不得安排学生加班和上夜班。

⑱ 实习报酬原则上支付周期不得超过 1 个月。

⑲ 实习报酬不得以物品或代金券等代替货币支付或经过第三方转发。

⑳ 职业学校和实习单位不得向学生收取实习押金、培训费、实习报酬提成、管理费、实习材料费、就业服务费或者其他形式的实习费用。

㉑ 不得扣押学生的学生证、居民身份证或其他证件。

㉒ 不得要求学生提供担保或者以其他名义收取学生财物。

㉓ 遇有重要情况应当立即报告，不得迟报、瞒报、漏报。

㉔ 学生实习考核要纳入学业评价，考核成绩作为毕业的重要依据。不得简单套用实习单位考勤制度。

㉕ 不得对学生简单套用员工标准进行考核。

㉖ 未经教育培训或未通过考核的学生不得参加实习。

㉗ 学生实习责任保险的费用可按照规定从职业学校学费中列支；免除学费的可从免学费补助资金中列支，不得向学生另行收取或从学生实习报酬

中抵扣。

《民法典》怎样影响劳动者权益?

教育部门和劳动行政部门层面，要积极履行监管职责，对辖区内的违法违规用工活动及时严肃查处，严格追究责任。

课业实操

实操1: 以小组为单位，每组5~7人，谈一谈劳动者有哪些安全权利与义务。

_____

_____

_____

实操2: 以小组为单位，每组5~7人，与正在岗位实习的师兄师姐联系，问问他们需要遵守哪些安全操作规程和劳动纪律。

_____

_____

_____

课业评价

评价项目	课业是否完成 （40分）	课业完成质量 （60分）	考评成绩 （100分）
评价分值		实操1（30分）	
		实操2（30分）	

开展劳动竞赛

高尚的竞争是一切卓越才能的源泉。

——大卫·休谟

能力目标

正确认识劳动竞赛的价值和意义

参加劳动竞赛并锻炼至少三种能力

能设计一份简单的劳动竞赛方案

素养目标

积极参与劳动竞赛

从劳动竞赛中学习、成长

任务描述

亲爱的同学,根据从小到大的生活体验,你一定参加过很多的活动,哪些属于劳动竞赛呢? 参加劳动竞赛有什么价值和意义呢? 劳动竞赛是如何实施和评价的? 通过本项目的学习,请结合实例,谈谈你对劳动竞赛的理解和认识。

大学期间,你想在书本之外增长跨学科的知识、提升自身的技能吗?你想锻炼自己的心理素质、提高为人处世的能力、提升自己的综合能力吗?参加劳动竞赛可以帮助你实现这些目标。让我们一起来探讨劳动竞赛的相关内容。

劳动竞赛是为充分发挥劳动者的主动性、积极性和竞争精神所开展的，以普遍提高劳动生产率、提高工作效率为目的的群众性竞赛活动。竞赛能检验高技能人才培养水平，最快、最直接地发掘劳动人才，提升劳动者的劳动素质与劳动效率，帮助参赛者及时查缺补漏，营造积极向上的劳动氛围。劳动竞赛也是连接校园与社会的桥梁。高职院校的劳动竞赛贯彻落实"以赛促改、以赛促建、以赛促教、以赛促学"的精神，偏向于提升学生的综合竞争力，通过比赛磨炼自我，重塑学生的综合劳动素养，为学生将来更好地进入职场做好准备。

想 一 想

你怎样理解高职院校的劳动竞赛？它与中小学的劳动竞赛有何不同？请列举几个你知道的高职院校劳动竞赛的名称。

_____

_____

_____

当代大学生作为承担民族复兴重任的时代新人，面临劳动形式多样化、不同劳动形态并存的社会发展局面，必须要深入理解劳动本质，提升创造性劳动的能力。高职院校的劳动竞赛越来越多地体现了劳动教育向智育方向发展的必然趋势。重视劳动竞赛，是新时代高职院校提升人才培养质量、提高劳动效率、提升劳动科技含量的必经之路。职业技能大赛，是大力弘扬劳模精神、劳动精神、工匠精神，更好服务和支撑交通强国建设的一项重大赛事活动。劳动技能竞赛的开展，有助于提升学生劳动技能，激发学生热爱劳动的内生动力，引导学生树立马克思主义劳动观，培养学生良好的劳动品质。

1. 认知劳动竞赛的价值

（1）劳动竞赛有引领导向作用

2020 年 7 月，为加快构建德智体美劳全面培养的教育体系，教育部印发了《大中小学劳动教育指导纲要（试行）》（以下简称《指导纲要》），要求劳动教育必须专业化、可考核、可评估。劳动竞赛就是使劳动教育专业化、可考核、可评估的一种劳动实践活动。

高职院校的劳动竞赛具有以职业为导向综合育人的特点。它以学生为主体开展活动，强调劳动分工，并在模拟真实的工作场景中体现了集体主义教育，是劳动教育联通"工作世界"的重要桥梁。

第一，劳动竞赛能引导高职学生树立正确的劳动观。职业技能大赛能让学生对所学专业知识与技能有更深的理解和认识，提前熟悉将来所要从事工作岗位的环境及需要使用的劳动工具，树立起知识学习和生产劳动相结合的理念。第二，劳动竞赛能让学生通过竞赛的方式认识到劳动的价值，学生能亲身体验付出劳动之后收获的成就感和荣誉感，能从劳动过程中体会民间疾苦，继承和发扬中华民族传统劳动观。第三，劳动竞赛能激发学生的潜能，引导学生在劳动中发现问题、分析问题、解决问题，让学生认识到自身工作的价值，最大程度挖掘自身能力并拼搏努力。第四，劳动竞赛能有效调动老师、学生的积极性、主动性和创新性，能激励教师改进教学，以高标准和严要求有效指导学生学习。

（2）劳动竞赛能促进劳动技术创新

劳动竞赛是提升劳动效率，激发劳动者活力的重要形式。企业通过开展劳动竞赛，可以提高核心竞争力。中交天津航道局在 2009 年制定了"高目标导向、高标准规范、高素质支撑、高效果推动"的"四高"竞赛方针，原来 10 亿元产值的工程需要 5 年工期，而通过竞赛，实际工期提前了 130 天。工程任务高质量完成的同时，团队还产出了 22 项技术创新成果，其中

4项是员工的创新劳动成果。他们靠技术创新解决了租用世界第一大疏浚船舶的问题，节省租金5 000多万元。这种以高目标为引领和导向的劳动竞赛，为加快天津港跻身世界一流大港赢得了宝贵时间。劳动竞赛可以刺激枯燥乏味的工作领域推陈出新，激发创新性的技术改良。企业通过高科技项目开展竞赛，能抢占市场，保持行业优势，提升竞争力。

高职院校的劳动竞赛是一种良性竞争，竞赛具备专业技能性与技术先进性，大学生通过竞赛，在合作、竞争、激励的多重氛围中，达成交流与协作，实现全面成长。

由共青团中央、中国科协、教育部和全国学联共同主办的"挑战杯"全国大学生课外学术科技作品竞赛（以下简称"挑战杯"）被誉为当代中国大学生科技创新的"奥林匹克竞赛"（图7-1）。自1989年在清华大学举办第一届"挑战杯"以来，据不完全统计，过去30多年的竞赛获奖者中已产生了2位长江学者、6位国家重点实验室负责人、20多位教授和博士生导师，3人获得了教育部评选的中青年优秀教师奖，70%的获奖学生攻读了更高层次的学历，近30%的参赛者出国深造。

图7-1
云南省第十一届
"挑战杯"比赛

"挑战杯"促进了大学生的创新产出能力，促进了学生发表更多的论文、参与更多的课题与申请更多的专利，促进了更多科技成果的转化与运用。参赛作品的质量在科学性、先进性与创新性方面越来越强，产生了很大的社会价值。每件参赛作品都凝结了学生与指导老师辛勤的劳动成果，展现了大学生独特的创新思维。"挑战杯"始终坚持"崇尚科学、追求真知、勤奋学习、锐意创新、迎接挑战"的宗旨，在促进大学生创新人才成长、深化高校素质教育、推动经济社会发展等方面发挥了积极作用。

（3）劳动竞赛能提高劳动者业务素质

在高新技术迅速发展的今天，技术和人才是市场竞争的核心。企业要创造良好条件参与市场竞争，除提升技术创新实力之外，还必须大力提升劳动者的综合素质。参与劳动竞赛，大学生能够培养与时俱进的意识，增强学习意识与竞争观念，以最新的科技知识来武装头脑，提高劳动能力，为未来成为劳动者做好技能准备和思想准备。

科学的职业技能竞赛活动强调的是对实践教学成效和职业院校技能训练的综合考察，是"校企合作、岗位实习"结合"以赛促学""以赛促训""赛训结合""知行合一""夯实技能"的创新模式体现。通过劳动竞赛，高职院校可以营造一种健康、积极、竞争和拼搏的校园竞技文化，学生能从良好的校园氛围中形成乐观自信、拼搏进取、团结协作和奋发向上的心态品质，为他们日后走向生产、服务或管理岗位，成长为高素质的技术技能型人才提供内涵保障。

技能竞赛能提高学生的从业技能水平和动手能力。竞赛中，参赛者的脑力和动手能力都能得到锻炼，竞赛能鼓励学生积极学习，提升学生的交际水平和组织管理能力，培养团队合作能力，增强团队荣誉感，磨砺心理承受能力，培养工作兴趣，提升心理素质，锻炼工作思维。参加过技能竞赛的学生除了在成绩上有明显的进步外，在生活、待人、处事等方面都有很大的提升，此外还学到了很多交叉学科的知识。这些都有助于学生未来在工作岗位上表现得更加优异。

你参加过哪些技能竞赛？通过技能竞赛你提升了哪些劳动技能？

_____

_____

_____

2. 了解劳动竞赛的原则

劳动本身是面向"事实"而"求是"的实知、实做。高职院校劳动竞赛应结合职业教育特点，遵循职业教育规律，注意以下原则：

（1）遵循因地制宜原则

我国经济跃进工业 4.0 时代，智能生产、智能产品、云工厂（共享经济与平台就业）、虚实交互等特征已越来越显现，2020 年突发的新冠肺炎疫情更是加剧了职业世界的不确定性。这些因素对劳动竞赛提出了新的挑战。劳动主体变得多元化，劳动形式变得多样化，劳动竞赛因此会呈现更多样化的形式和内容。

基于劳动场所和工作世界的变化，新时代劳动教育是一个既获取活性劳动知识，又学习感性劳动知识，还习得理性劳动知识的动态平衡过程，是"知、情、意"三位一体的教育。高职院校需要发挥资源优势，因地制宜制定与开展相关劳动竞赛，结合自身所处区域的自然条件、产业特点等，采取多种方式开展劳动竞赛，避免"一刀切"。不同地域的学校，劳动教育实践的客体、对象、方式等不尽相同，应就地利用资源开展劳动竞赛（图 7–2）。

图 7–2
学生参加"城轨车辆模拟驾驶技能大赛"

同时，还应注重建立实践基地，除学校自身拥有的实验室、实训室、创客空间等校内实践基地外，还要建立基于社区、企业、乡村等的校外劳动教育基地，让劳动竞赛有落脚之处。学校应提供条件，多方面促进高职学生职业发展，遵循产教融合、校企合作、工学结合、知行合一要求，协同推进劳动教育，适应高职教育的内在需要。在推进过程中，以实习实训课为主要载体，加强劳动精神、劳模精神、工匠精神教育，增强诚实劳动意识，培养奋斗精神和奉献精神，同时结合专业积极开展专业服务、社会实践、勤工助学，提升学生创造性地解决实际问题的能力，从而提升学生就业创业能力。

（2）遵循形式创新原则

高职院校劳动竞赛应与时俱进，新时代应有新方法。劳动竞赛的创新可以从宏观、微观两个层面把握。宏观层面，开展劳动竞赛应遵循职业教育规律，竞赛项目要注意理论与实践相结合，坚持学校、企业协同，体现产教融合的特点。微观层面，开展劳动竞赛应坚持"三教"改革，增强劳动教育吸引力；要注重教师教学能力提升；以参赛项目为导向，教法上要大力开展项目教学、案例教学、情境教学，运用探究式、讨论式、参与式、启发式等方法，增强劳动课堂吸引力。以竞赛为主的劳动实践教育方面，既要开展传统劳动教育，更要以学生喜闻乐见的方式开展劳动竞赛。

高职院校开展劳动竞赛，要顺应时代带来的劳动形态的巨大变化，融入新技术、新工艺、新规范，要有新思路，教会学生使用新的劳动工具，掌握新的劳动技能。同时避免两种倾向：一是因循守旧，把劳动竞赛局限于传统劳动、局限于体力劳动，这将导致学生劳动兴趣丧失，甚至产生抵触情绪。二是盲目创新，否认传统劳动的重要作用，将劳动限定在信息化、智能化手段的运用。另外，不能用实习实训完全取代劳动竞赛，将劳动竞赛变成新技术手段的秀场，使其失去劳动教育的价值。学校要不断创新方法，鼓励学生掌握新技术、新技能，以适应科学、技术的新发展。

（3）遵循以人为本原则

《指导纲要》强调职业院校劳动教育要"重点结合专业特点，增强职业荣誉感和责任感，提高职业劳动技能水平，培育积极向上的劳动精神和认真负责的劳动态度"。因此，应积极强化劳动竞赛与职业教育相互渗透。职业院校劳动竞赛需要覆盖到教育教学、学生生活的全过程，比如：劳动竞赛环节全覆盖，劳动竞赛全过程实施，做到每个学期有要求、有安排；劳动竞赛人员全覆盖，既覆盖教职工，也覆盖全体学生。

以人为本的原则还体现在劳动竞赛教育体系的构建。高职院校劳动竞赛体系中，除了从理论层面了解劳动竞赛外，劳动课程的实践教学、实验实训、认知实习、跟岗实习、顶岗实习等方式都可以体现劳动竞赛的备赛基础。此外，在实践活动体系中，志愿服务、社会实践活动、创新创业活动、校内劳动任务等活动都可以渗透劳动竞赛的价值和意义。从方方面面培养学生劳动习惯，获得基于专业的劳动体验，提升学生综合素养，这些都是劳动竞赛设立的初衷。同时，劳动竞赛教育体系还需突出劳动的技术性、技能性，强调脑力劳动和体力劳动的结合，体现以人为本的原则和塑造大国工匠的目的。

案例品读

陕西铁路工程职院大学生参与新疆高速公路建设

2011年4月，陕西铁路工程职业技术学院杨世福等39名顶岗实习的大学生夜以继日地奋战在新疆奇木高速公路项目工地上。在项目部领导的指挥下，39名大学生从建点入手，随即参与到了全线复测、拌和站、试验室、梁场等的建设工作，见证了项目各类设施从无到有的过程。在进行全线复测时，学生们每天提上30多斤重的仪器、背着木桩，在石子遍地的茫茫戈壁滩上徒步测量，来回十几公里的路程下来，鞋子穿坏了五六双。中午饿了，学生们就在路上吃点馍饼、咸菜之类的，吃完继续测量。4月的戈壁滩异常寒冷，再加上肆虐的沙尘暴,学生们在测量作业中必须要穿上厚厚的军大衣。但他们仍然迎难而上,积极乐观地面对一切困难。实习生陈家宾先后经历过现场试验、物资管理等多个岗位的历练,由于业绩突出,劳动竞赛成绩优异,他以一名实习生的身份被项目部破格评选为"2011年度先进生产者"。

他们不仅在顶岗实习中出类拔萃,还勇于参加劳动竞赛,在新疆交通建设管理局开展的2011年度"筑路先锋杯"劳动竞赛中,这39名大学生所在的项目部先后荣获先锋杯、安全杯、质量杯、进度杯、创新杯五项殊荣,用辛勤的汗水奏响了一曲激昂向上的青春之歌!

实习生马海明在个人总结中这样写道:"90后的我怀揣着为祖国边疆建设做贡献的梦想来到了中铁二十一局,我的人生将在这里起步,这里也将是我人生的转折点,我会尽我最大努力,为母校争光,为企业和社会做出我应有的贡献!"

(资料来源:教育部网站,有删改)

想一想

你觉得通过参加劳动竞赛,可以改善"有教育无劳动""有劳动无教育"的问题吗?为什么?

_____

_____

_____

高职学生在校期间主要可参加四类劳动竞赛：大学生学科竞赛，创新创业大赛，职业技能大赛，各类创意设计、创业计划、科技创新等专题类竞赛。

根据竞赛与学科的紧密度，竞赛可以分为（强）学科竞赛（以学科知识研究为主，如理学的数学建模竞赛、工学的电子设计竞赛、人文的英语竞赛等）、跨学科竞赛（不限于固定学科学生参与的竞赛，如"'互联网＋'大学生创新创业大赛""挑战杯"等）、弱学科竞赛（竞赛主题侧重技能与操作，弱化学科研究，如高职类技能竞赛）；根据专业类型，竞赛可以分成理工农医类竞赛、文法社科类竞赛和综合类竞赛；根据内容，竞赛还可分为创新创业类竞赛、综合实践类竞赛、知识类竞赛和技能类竞赛等。

1. 加强组织动员

开展劳动竞赛的关键在于调动学生的积极性，营造一个良好的竞争氛围，把学生的兴趣点与劳动竞赛的形式有效结合。首先，劳动竞赛要贴近学生的实际需要，根据实际情况，制定劳动竞赛方案，力求达到劳动竞赛能够吸引学生的作用。其次，劳动竞赛要有鲜明的主题，突出重点，明确标准，应当围绕学生学习的阶段性目标，更好地发挥劳动竞赛服务于教学的功能。

写好一份劳动竞赛方案需要遵循以下几点。第一，劳动竞赛的方案要结合实际情况制定，可执行性强，并具有指导性和导向性。第二，劳动竞赛的主题要明确，能起到调动学生积极性的作用。第三，劳动竞赛要以学生为本，从学生成长的角度出发。第四，竞赛项目的设置要保证合理，不宜过于繁杂。

另外，学校可完善学分银行体系，健全"以赛促学、以赛促教、以赛促改"机制，鼓励"人人都有出彩的机会"，将"优秀学生""优秀指导老师"称号作为竞赛成果纳入评估指标。同时，应持续完善校企合作、协同育人模式，依托校企合作实践教学基地，整合校企的劳育资源，以职业活动、企业文化活动等为载体，共同培养学生的职业责任感和职业使命感。

练一练

根据以上所学内容，以 5 ~ 7 人为一组，制定一份劳动竞赛方案。

_____

_____

_____

2. 注重过程动态

劳动竞赛在具体实施的过程中，一般会形成系级初选、院级推荐、省级竞赛和国家级竞赛四级层次。高职院校应将竞赛选拔和产业孵化相结合，对课内与课外、专业内与专业外、校内与校外各实践教学环节有机覆盖。具体程序为：第一级，动员系级学生参赛。宣传组织"创业创新竞赛"等活动，广泛动员学生积极参与。第二级，院级选拔。专门针对某项全国（或省、市）级劳动竞赛，举行校内选拔赛。第三级，省级、国家级竞赛集训备战。选择有经验的指导教师对参赛队伍进行密集指导，争取获得好成绩。第四级，针对有市场潜力的可行方案，专门建立创业创新实验园区，提供场地和政策对这些项目进行孵化，并推向市场。

围绕参与职业技能竞赛，高职院校需要在借鉴企业文化的基础上建设一整套完善的竞赛管理制度体系。一般由教务管理部门牵头，宣传、团委、党政办和后勤部门配合管理和组织，通过相关规章制度的颁布与实施，引领学院管理人员、教师和学生深入认识职业技能竞赛与学院教学改革和专业发展的内在联系。借助职业技能竞赛相关规章制度，让学院管理者、教师和学生对学院发展与人才培养等大事形成共识，形成良性的竞赛循环模式。

想一想

如果你要报名参加某一劳动竞赛，应向学校哪个部门递交申报书参加初选？

_____

_____

_____

案例品读

参加职业技能大赛让我们更奋进

2017年重庆城市公共交通行业（轨道交通运营）职业技能大赛中，轨道交通运营赛道共涉及城市轨道交通行车调度员、单轨电动列车电气维修工、城市轨道交通线路工、制冷空调系统安装维修工、信号楼值班员、城市轨道交通车站值班员6个专业，以下是其中几位参赛选手对这次比赛的一些看法和感想。

吴同学：本届大赛对我来说是一次难忘的回忆，在大赛中我超水平发挥，感觉特棒！为此，我特地写了首打油诗——大赛期间稍紧张，克服紧张斗志昂，技能发挥胜平日，超越自我真是棒！

蔡同学：大赛虽然结束了，但是那些比赛的画面还历历在目。我要为大赛点赞，点赞拼搏过的选手；也要为大赛歌唱，歌唱努力过的我们！

吴同学：当成绩出来的时候，我非常激动！我想说，大赛是我们比拼技能的舞台,大赛是我们增进友谊的桥梁,大赛给了我们展现自我的机会,也让我们找到奋进的方向! 感谢大赛! 感谢这一路走来的所有人!

汪同学:当知道自己是冠军的时候,我非常高兴! 我想为本届大赛大声喊出——互相学习,赛出风格,取长补短,助力工作!

董同学:大赛是一面镜子,让我看到自己的差距;大赛是一个标杆,让我找到努力的目标;大赛是一面旗帜,让我学到积极拼搏的精神!

李同学:本届大赛的单轨电动列车电气维修专业真可谓强强之争! 每名参赛选手我都认识,他们都是一线的技术骨干。真可谓百舸争流,展选手风采;千帆竞技,扬工匠精神。

大赛中,城轨行车调度专业参赛选手着装整齐,意气风发,"手指口呼、眼到心到",每个操作动作都标准娴熟。据参赛选手介绍,他们不仅要具备调度的专业知识,还要有一定的应急处置能力,并且还需掌握人、车、天(天气)、地(交通情况)、设备、规章等与运营相关的各方面情况。本次大赛贴合岗位工作实际,着重于对运营突发事件应急处置水平的考量,参赛者在大赛中学习到了很多。

单轨电动列车电气维修专业的比赛可谓异常激烈,分别来自大修公司、运营二公司和运营三公司的 20 名参赛选手个个都是运营一线的"技能排头兵"。据本届大赛裁判组介绍,初赛到决赛,从参赛选手对单轨列车电气故障的判断方向、处理思路、解决问题的速度,可以看出单轨电动列车电气维修专业选手的整体技能水平已经达到一个新的高度,进入决赛的 20 名选手更是业务技能水平突出,他们熟练操作设备、合理使用工具,面对故障都有着严谨的逻辑,强强之争的竞赛很精彩。

(资料来源:重庆轨道交通微信公众号,有删改)

读完上文内容，你认为学生们参加劳动竞赛之后有哪些方面（心理、能力、态度、品质等）的收获？

_____

_____

_____

3. 做好后勤保障

第一，要切实建立起专兼职相结合的劳动教育师资队伍。结合院校实际，可在思政课、公共基础课教师和专职辅导员中遴选劳动教育专任老师，在辅导员中挑选部分教师加入师资队伍。同时，发挥劳模工作室、技能大师工作室、技能名师工作室以及各专业聘请的行业、企业专家的作用，建立强大的专兼职劳动教育师资队伍，指导学生参加劳动竞赛。

第二，多方筹措劳动竞赛资金。学校可将劳动竞赛经费单列，确保劳动竞赛正常进行。此外，积极发挥校企合作优势，与行业、企业共建劳动教育基地，由企业捐赠劳动教育设备、器材、耗材等。同时，为学生提供良好的实习操作条件，图书馆、网络机房和专业实验室建设也需要适应并服务于职业技能竞赛活动的开展。特别是在实习和实训基地建设方面，依照职业技能竞赛在技术基础和职业标准等级上的相关要求，确保实习和实训设备技术能对标职业标准上的职业性和竞技性。最后，学校可在教室、寝室和楼道等文化环境中营造富有竞技性的职业文化氛围，鼓励学生自觉参与职业竞赛。

重庆交通职业学院：立足交通 面向市场 服务社会

第三，加强劳动竞赛安全教育。学校要制定劳动竞赛活动风险防控预案，完善应急与事故处理机制。劳动竞赛前应对劳动场所进行安全评估，认真排查、消除劳动竞赛中可能存在的各种隐患，特别是辐射、传染病等。在设施选择、材料选用、工具设备和防护用品使用、活动流程等方面制定安全、科学的操作规范，强化对劳动竞赛过程各岗位的管理，明确各方责任，防患于未然。

第四，搭建创新创业教育指导服务平台，做到"机构、人员、场地、经费"四到位，对自主创业学生实行全程指导、持续帮扶、一站式服务，更好地指导学生参与劳动竞赛。加强国家各项创新创业优惠扶持政策的宣传和落实，扩大政策知晓面，引导大学生熟悉并用好政策，提高劳动竞赛的参与度。帮助大学生落实各项扶持和服务措施，重点支持大学生到新兴产业孵化创业，带动劳动竞赛的前后期培育和孵化。鼓励高校自主编制覆盖全体学生的创业能力专项培训计划，或与有条件的教育培训机构、行业协会、群团组织、企业联合开发创业培训项目，更好地为高质量的劳动竞赛提供培训条件。鼓励引导企业、高校、科研院所及项目投资机构，为大学生提供科技型、成长型项目，重点培育一批有较高科技含量、代表产业发展方向的创业项目和新兴服务业项目，提升劳动竞赛的参赛质量，提高劳动竞赛的专业性和实践性，突出体现劳动竞赛的社会参与价值和意义。

第五，将职业技能竞赛的教育功能与教育价值结合起来，激发校园文化的无限生机和发展活力，展示高职院校的办学传统和长期教育实践中形成的良好校风，使大赛精神成为学校塑造高素质一线生产、管理和服务人才的精神动力。

第六，结合高职教育特点和所在地域实际，规划好劳动竞赛课程内容，注重马克思主义劳动观和劳动技能的学习，增强学生参与劳动竞赛的认同感和价值感。组织实施好劳动周，有序安排学生的集体劳动。加强对劳动教育的研究，不断改进劳动教育方法和组织形式，注重激发学生内生动力，提高劳动竞赛前期教育效果。高职院校在充分利用学校自身场所的基础上，要结合学校所处区域的劳动教育资源，开辟学工实践基地、社会服务基地等，确保劳动竞赛备赛有场所、有依托、有平台。

第七，宣传部门要鼓励和支持创作更多以歌颂普通劳动者为主题的优秀作品，广泛宣传诚实劳动、辛勤劳动、创造性劳动的典型人物和事迹，树立一批可供学习的劳动竞赛好榜样。做好家庭、学校、社会协同育人，各自发挥职责，扎扎实实做好工作，使劳动竞赛的实效性得到充分保证。

练 一 练

请你制定一份新生劳动竞赛方案，可以从竞赛目标和指导思想、竞赛前的准备、竞赛实施过程、奖励和反思等方面设计。

_____

_____

_____

1. 劳动竞赛评价制度

劳动教育评价是确保劳动教育效果的重要环节。《中共中央 国务院关于全面加强新时代大中小学劳动教育的意见》指出，要"健全劳动素养评价制度。将劳动素养纳入学生综合素质评价体系，制定评价标准，建立激励机制，组织开展劳动技能和劳动成果展示、劳动竞赛等活动，全面客观记录课内外劳动过程和结果，加强实际劳动技能和价值体认情况的考核"，以及"把劳动素养评价结果作为衡量学生全面发展情况的重要内容，作为评优评先的重要参考和毕业依据"。

（1）建立劳动竞赛评价体系

专业课教师、实习实训指导教师和企业负责对实践教学中组织的劳动竞赛进行评价；学工、团委、后勤中心等部门负责对社会实践活动中组织的劳动竞赛进行评价，并将劳动素养的评定纳入学生综合素质评价体系。整个竞赛评价体系应涵盖劳动时间设定、劳动态度形成、劳动技能水平、劳动成果检验、劳动能力评价、创造能力评价等方面。劳动竞赛评价体系还应注重劳动荣誉体系的构建，让热爱劳动、勤于劳动、善于劳动和有劳动成果的学生能够获得相应荣誉，增强学生的自豪感。

劳动教育专任教师在课堂上可让学生扮演参与劳动竞赛评价的评委或专家，增强学生对于劳动竞赛评价的理解和认识。通过角色扮演，学生能更加了解劳动竞赛评价的出发点、标准、定位的多样性，同时思考如何制定科学、有效的劳动竞赛评价体系。

（2）确保劳动竞赛评价的实施基础

学校在进行劳动竞赛前，应加强组织实施、检查竞赛评价等中间环节的管理，解决学校在基层开展劳动竞赛的过程中遇到的实际问题和困难，各方面配合，确保学校把更多精力投入到劳动竞赛的公平评价中。学校应精心组织，科学运作，实现劳动竞赛评价工作的制度化、规范化、科学化。

（3）建立全员参与机制

鼓励学校、学生、老师、社会、政府、企业全员参与劳动竞赛评价。全员参与的劳动竞赛评价覆盖面更广，有利于选题更加准确，指标更为合理，考核更贴实际，参与更加广泛，效果更为明显。同时，劳动竞赛评价需要协同思维，即家庭、学校、社会联动，各自发挥评价主体作用。家庭劳动竞赛评价主要由父母完成，学生在寒暑假及节假日回家，学校和家长应联合提出劳动要求，布置劳动竞赛任务，家长客观记录、评价其劳动过程和效果，并将记录、评语交给学校辅导员，作为学生评优评先的参考依据。学生参加劳动竞赛所涉及的行业企业、社区街道、群团组织及其他社会组织也要对学生的劳动情况进行评价。学校要做好沟通，提请各社会评价主体记录劳动竞赛过程，写出评语，并反馈给学校。学校要及时更新和完善学生劳动竞赛评价，提升劳动竞赛评价的全面性和完整性。

想 一 想

你认为如何科学、公平地进行劳动竞赛评价？有哪些标准和要求？请举例说明。

_____

_____

_____

2. 劳动竞赛评价指向

当前我国高职院校竞赛现状纷繁复杂，这些大赛的主办单位、学科分布和类型等不尽相同。因此，对众多复杂的劳动竞赛进行评估有一定难度。以中国国际"互联网 +"大学生创新创业大赛为例，它是 2015 年创办、由教育部等 12 个中央部委和地方省级人民政府共同主办的重大创新创业赛事。大赛旨在深化高等教育综合改革，激发大学生的创造力，培养造就"大众创业、万众创新"的生力军，推动赛事成果转化，促进"互联网+"新业态形成，主动服务经济提质增效升级，以创新引领创业、创业带动就业，推动高校毕业生更高质量创业就业。"互联网+"大赛受到了全国高校的高度关注和重视，其成绩对于学校综合排名等均具有较为显著的影响。

各个学校因此也将"互联网+"大赛成绩纳入学校育人成果的评价体系，在国家政策的扶持下，高校联合行业、企业，举办各类科技创新、创意设计、创业计划等专题竞赛和创新创业讲座、论坛，重点支持开展"互联网+"大学生创新创业大赛。引导大学生在取得创新创业初步成果的基础上，实现创新成果转化，孵化创业项目。高职院校通过建立创新创业实践平台和学生社团，建设创新创业实验实训中心、孵化园、创客空间、大学科技园等，建设大学生校外实践基地、虚拟仿真实验室等。

"互联网+"大赛共设 6 个项目："互联网+"现代农业、"互联网+"制造业、"互联网+"信息技术服务、"互联网+"文化创意服务、"互联网+"社会服务、"互联网+"公益创业，参赛项目的类型反映了大赛与时俱进的特点。参赛选题体现了大赛对社会热点极高的关注度，比如将移动互联网、云计算、大数据、人工智能、物联网、下一代通信技术等新一代信息技术与经济社会各领域紧密结合，培育新产品、新服务、新业态、新模式；发挥互联网在促进产业升级以及信息化和工业化深度融合中的作用，促进制造业、农业、能源、环保等产业转型升级；发挥互联网在社会服务中的作用，创新网络化服务模式，促进互联网与教育、医疗、交通、金融、消费生活等深度融合。每一年"互联网+"创新创业大赛评分标准都会结合社会环境的新形态、新产业、新契机做出适当的修改，以下是 2020 年"互联网+"大学生创新创业大赛职教赛道创意组和创业组评审要点（表 7-1、表 7-2）。

表 7-1 职教赛道创意组项目评审要点

评审要点	评审内容	分值
创新性	1. 具有原始创意、创造 2. 具有面向培养"大国工匠"与能工巧匠的创意与创新 3. 项目体现产教融合模式创新、校企合作模式创新、工学一体模式创新 4. 鼓励面向职业和岗位的创意及创新，侧重于加工工艺创新、实用技术创新、产品（技术）改良、应用性优化、民生类创意等	30
团队情况	1. 团队成员的教育、实践、工作背景、创新能力、价值观念、分工协作和能力互补情况 2. 团队的组织构架、股权结构、人员配置以及激励制度合理性情况 3. 创业顾问、投资人以及战略合作伙伴等外部资源的使用以及与项目关系的情况	25
商业性	1. 商业模式设计完整、可行，项目已具备盈利能力或具有较好的盈利潜力 2. 项目在商业机会识别与利用、产品或服务设计、技术基础、竞争与合作、资金及人员计划，以及在现行法律法规限制等方面具有实施的可行性 3. 对行业、市场、技术等方面有翔实调研，并形成可靠的一手材料，强调实地调查和实践检验 4. 项目目标市场容量及市场前景；发展战略和规模扩张策略的合理性和可行性；在财务管理（筹资、投资、营运资金、利润分配等）方面的合理性 5. 项目对相关产业升级或颠覆的情况；项目与区域经济发展、产业转型升级相结合情况	20
带动就业	1. 项目直接提供就业岗位的数量和质量 2. 项目间接带动就业的能力和规模	15
引领教育	1. 项目充分体现专业教育与创新创业教育的结合，体现团队成员所学专业知识和技能在项目和相关创新创业活动中的转化与应用 2. 突出大赛的育人本质，充分体现项目成长对团队成员创新精神、创业意识和创新创业能力的锻炼和提升作用	10

表 7-2　职教赛道创业组项目评审要点

评审要点	评审内容	分值
商业性	1. 商业模式设计完整、可行，产品或服务成熟度及市场认可度 2. 经营绩效方面，重点考察项目存续时间、营业收入（合同订单）现状、企业利润、持续盈利能力、市场份额、客户（用户）情况、税收上缴、投入与产出比等情况 3. 成长性方面，重点考察项目目标市场容量大小及可扩展性，是否有合适的计划和可靠资源（人力资源、资金、技术等方面）支持其未来持续快速成长 4. 现金流及融资方面，关注项目已获外部投资情况、维持企业正常经营的现金流情况、企业融资需求及资金使用规划是否合理 5. 项目对相关产业升级或颠覆的情况；项目与区域经济发展、产业转型升级相结合情况	30
团队情况	1. 团队成员的教育和工作背景、创新能力、价值观念、分工协作和能力互补情况，重点考察成员的投入程度 2. 团队的组织构架、股权结构、人员配置以及激励制度合理性情况 3. 创业顾问、投资人以及战略合作伙伴等外部资源的使用以及与项目关系的情况	25
创新性	1. 具有原始创意、创造 2. 具有面向培养"大国工匠"与能工巧匠的创意与创新 3. 项目体现产教融合模式创新、校企合作模式创新、工学一体模式创新 4. 鼓励面向职业和岗位的创意及创新，侧重于加工工艺创新、实用技术创新、产品（技术）改良、应用性优化、民生类创意等	20
带动就业	1. 项目直接提供就业岗位的数量和质量 2. 项目间接带动就业的能力和规模	15
引领教育	1. 项目充分体现专业教育与创新创业教育的结合，体现团队成员所学专业知识和技能在项目和相关创新创业活动中的转化与应用 2. 突出大赛的育人本质，充分体现项目成长对团队成员创新精神、创业意识和创新创业能力的锻炼和提升作用	10

从以上大赛评审要点可看出，国家目前很重视培养高质量人才，鼓励创新、杜绝抄袭，鼓励培养具有"大国工匠"精神的技术人才，注重原创性。同时，大赛也会参考其他的标准，如：参赛项目是否有专利保护；是否解决了市场痛点；是否根据问题提出行之有效的解决方案。参赛作品商业计划书是否描述了行业的整体发展情况、市场动态以及客户规模等；是否分析了竞争对手，包括直接竞争对手、间接竞争对手；是否写出了盈利模式，包括成本预算、利润、收入等；是否写出了市场推广战略、销售渠道、定价策略、战略合作伙伴等；是否详细写明融资需求及用途，现有股东的资金投入和时间投入情况；是否有对未来 5 年的风险预测、增长率预测等。这些标准都是根据比赛的侧重点制定的，具有独特性。

确保竞赛公平公正有序 他们这样做！

3. 劳动竞赛促进学生成长

（1）培养创新思维能力

高职院校学生是一群具有独立思维能力的成年人，而劳动竞赛基本以脑力劳动为主。脑力劳动竞赛更注重学生在老师的指导下独立完成项目，从亲身实践中体会探究问题的乐趣。在这个过程中，学生锻炼了发散思维、聚合思维、联想思维、想象思维、直觉思维、灵感思维等。学生在独自面对问题、处理问题的过程中产生了有价值的新思想，形成了独立思考的能力，这些能力有利于学生将来的人生发展。

（2）增强团队合作能力

集体比赛项目，一般由两名及以上的同学组成团队参赛。优秀的团队体现在成员之间关系融洽，善于沟通；任务分工明确，各司其职；朝着一个方向努力；充分发挥各自身上的优势，相互学习、共同进步。特别是，在备赛过程中，大家保持一种高效的交流方式非常重要。赛前养成积极沟通的习惯，实现优势互补，在自己负责的模块遇到问题，自己又一时无法解决时，一定要勇于提问，同队友、老师一起分析问题、解决问题。解决问题后需要将结果反馈给大家，形成一个闭环，大家一起反思进步。培养良好的团队意识能激励每个人前进，一旦有了精神上的带动者和行动上的执行者，大家就可以克服自己的缺点，充分发挥出自己的长处，优势互补，打造出优秀的团队。

（3）培养科研能力

参加比赛不仅能锻炼团队合作能力，同时还可以培养自学能力。学生要学会利用身边的资源，同时磨砺自己的心态和意志。参与科研比赛不仅需要多学科的知识，还要有强大的抗压能力。高职院校的学生在科研领域涉猎不多，通过参加大赛，与团队成员一起编写申报书、写调查报告或论文，对于提升自身的科研能力大有裨益。具备良好科研素养的学生往往有更好的洞察力和判断力，科研带来的磨砺也会帮助大学生快速成长，为他们未来的高质量就业做好铺垫。

（4）提高就业质量

参加比赛能帮助大学生提高就业意识，拓展就业思路，在择业前积累就业经验，有助于大学生在未来职场如鱼得水。除了获奖，学科竞赛的经历对大学生毕业论文的撰写、企业面试等都有很大的帮助，能够增加简历亮点，赢取就业机会。通过学科竞赛锻炼的各种综合能力，培养的吃苦耐劳、坚韧不拔的优秀品质，都是人生宝贵的财富。

在"大众创业、万众创新"的时代背景下，创业创新的能力是衡量就业质量的重要指标。研究发现，毕业生自主创业的总体比例不高，但有参赛经历的群体中自主创业者比例明显高于从未参加竞赛的群体。参加竞赛级别越高，学生自主创业比例也越高，其中参加过国家级竞赛的学生自主创业比例最高。同时，有学科竞赛经历的毕业生从事技术研发和管理岗位的比例较高，而无竞赛经历的学生，其就业岗位的专业背景和技术要求相对较低，学生多从事产品销售、检验检测等岗位。相关调查也发现，大多数毕业生认为企业在招聘中看重比赛经历，建议在校生多参与学科竞赛，这对找工作有一定帮助。

想 一 想

你通过参加劳动竞赛收获了哪些成长？

_____

_____

_____

课 业 实 操

实操 1：以小组为单位，每组 5~7 人，谈谈你对劳动竞赛育人价值的理解。

_____

_____

_____

实操 2：你过去参加过哪些劳动竞赛？请举例说明至少一项，描述过去参赛的过程，谈谈自己的所感所思。

_____

_____

_____

实操 3：你了解哪些名人通过劳动竞赛实现了人生理想，甚至被世人所赞誉？请将他们奋斗拼搏的故事分享给你的同学和老师。

_____

_____

_____

课业评价

评价项目	课业是否完成（40分）	课业完成质量（60分）		考评成绩（100分）
评价分值		实操1（15分）		
		实操2（15分）		
		实操3（30分）		

参考
文献

［1］陶行知 . 生活教育文选［M］. 成都：四川教育出版社，1988.

［2］中共中央马克思恩格斯列宁斯大林著作编译局，马克思恩格斯全集：第23卷［M］. 北京：人民出版社，1972.

［3］中国劳动关系学院 . 劳动教育评论［M］. 北京：社会科学文献出版社，2020.

［4］何光明，张华敏 . 高职学生劳动教育教程［M］. 北京：高等教育出版社，2020.

［5］国务院 . 国务院关于加快发展现代职业教育的决定［Z］.2014－6－22.

［6］中共中央国务院 . 关于全面加强新时代大中小学劳动教育的意见［Z］.2020－3－20.

［7］中共教育部党组 . 深入学习贯彻习近平总书记关于青年学生成长成才重要思想　大力培养中国特色社会主义建设者和接班人［N］. 光明日报，2017－09－08.

［8］彭建国，田珊 . 弘扬劳动精神　加强新时代高校劳动教育［N］. 湖南日报，2019－1－12.

［9］王玮 . 劳动就是劳动教育的最佳方式［N］. 中国教育报，2020－05－21.

［10］刘刚 . 浅谈劳动竞赛的创新与发展［J］. 中国市场，2008（1）：20-21.

［11］王晓晴 . 发挥劳动竞赛特殊作用　突显劳动竞赛特有价值［J］. 天津市工会管理干部学院学报，2010（2）：18-20.

［12］刁丽敏 . 培养劳动素养提升学生综合实践能力［J］. 辽宁教育，2017(14).

［13］徐长发 . 新时代劳动教育再发展的逻辑［J］. 教育研究，2018（11）：

12–17.

［14］张琛，李科．论黄炎培劳动教育思想的丰富内涵与当代启示［J］．教育与职业，2019（2）．

［15］党刘栓．论大学生的劳动素养教育［J］．西南石油大学学报（社会科学版），2019（3）：109–113.

［16］邵长威．思想政治教育视域下提升大学生劳动素养的途径探索［J］．辽宁工业大学学报（社会科学版），2019（4）．

［17］杨旭．劳动教育实践育人途径与模式研究［J］．黑龙江教育学院学报，2019（5）：73–75.

［18］郑程月，王帅．建国70年我国劳动教育的演进脉络、时代内涵与实践路径［J］．当代教育科学，2019（5）：14–18.

［19］毛平，黄金敏．新时代高职院校劳动教育：特征及实效性路径研究［J］．中国职业技术教育，2020（34）：48–51.

［20］曹永勋．因地制宜　开展多种形式的劳动教育［J］．师道（教研），2020（2）：170–171.

［21］徐洁，楼幸琳．培育劳动素养：新时代劳动教育的核心指向［J］．教育科学论坛，2020（7）：5–10.

［22］毛剑东，蔡燕娜．劳动教育新突破家校共育新篇章——基于"以劳育人"理念的学生劳动素养实践研究［J］．中小学校长，2020（4）：31–33，36.

［23］张志坚，王炜．大学生劳动素养审视：现状，原因与对策［J］．机械职业教育，2020（1）：50–55.

［24］刘晓娇．"三全育人"视阈下高职学生劳动素养培育路径探析［J］．辽宁经济，2020（9）：68–69.

［25］谭家皓．工匠精神融入高职学生劳动素养提升的探讨［J］．轻工科技，2020（2）：156–157.

［26］李翔宇．高职院校培育工匠精神的价值、问题与对策［J］．高等职业

教育探索, 2021（2）: 29-34.

［27］董凤, 雷晓兵. "劳模精神"融入大学生劳动教育的价值与路径［J］. 宿州教育学院学报, 2021（1）: 30-32.

［28］周海涛. 中国共产党劳动教育思想对传统劳动教育的超越［J］. 商丘师范学院学报, 2021（1）.

［29］为共同理想和目标团结奋斗——习近平总书记在知识分子劳动模范青年代表座谈会上的重要讲话引发强烈反响［EB/OL］. 新华网, 2016［2021-06-30］. http://www.xinhuanet.com//politics/2016-04/30c_1118779218.htm.

［30］推动我国生态文明建设迈上新台阶——习近平在全国生态环境保护大会上的讲话［EB/OL］. 求是, 2018［2021-06-30］. https://www.xuexi.cn/822625c30f6179b77f8cf8b8d46e0f05/e43e220633a65f9b6d8b53712cba9caa.html

［31］习近平出席全国教育大会并发表重要讲话［EB/OL］. 央广网, 2018.［2021-06-30］. https://baijiahao.baidu.com/s？id=1611234575766690445&wfr=spider&for=pc

［32］安全行为手册［EB/OL］. 知乎网, 2020.［2021-06-30］. https://zhuanlan.zhihu.com/p/291216223

郑重声明

高等教育出版社依法对本书享有专有出版权。任何未经许可的复制、销售行为均违反《中华人民共和国著作权法》，其行为人将承担相应的民事责任和行政责任；构成犯罪的，将被依法追究刑事责任。为了维护市场秩序，保护读者的合法权益，避免读者误用盗版书造成不良后果，我社将配合行政执法部门和司法机关对违法犯罪的单位和个人进行严厉打击。社会各界人士如发现上述侵权行为，希望及时举报，我社将奖励举报有功人员。

反盗版举报电话　（010）58581999　58582371

反盗版举报邮箱　dd@hep.com.cn

通信地址　北京市西城区德外大街 4 号　高等教育出版社法律事务部

邮政编码　100120

读者意见反馈

为收集对教材的意见建议,进一步完善教材编写并做好服务工作,读者可将对本教材的意见建议通过如下渠道反馈至我社。

咨询电话　400-810-0598

反馈邮箱　tianyl@hep.com.cn

通信地址　北京市朝阳区惠新东街 4 号富盛大厦 1 座

　　　　　高等教育出版社总编辑办公室

邮政编码　100029